普通高等教育“十三五”规划教材

基于手持技术的中学化学实验案例

吴晓红　刘万毅　任　斌　主编

北　京
冶金工业出版社
2016

内 容 提 要

本书是依据我国基础教育课程改革的需要及化学实验数字化的趋势，根据教育部对高等院校化学教育专业师范生的基本实验操作能力训练要求而编写的教材。全书分为六个部分，围绕化学能与热能、化学能与电能、溶液中的离子行为、化学反应速率与平衡移动、化学与生活、化学与健康等六个主题提供了共二十个手持技术实验案例。

本书可作为高等师范院校化学（师范）专业和普通高中选修课教材，也可作为普通高中、职业高中等化学教育工作者、中等化学教育与教学研究人员的参考书和继续教育（培训）教材。

图书在版编目(CIP)数据

基于手持技术的中学化学实验案例/吴晓红，刘万毅，任斌主编．—北京：冶金工业出版社，2016.2

普通高等教育“十三五”规划教材

ISBN 978-7-5024-7119-4

Ⅰ.①基… Ⅱ.①吴… ②刘… ③任… Ⅲ.①中学化学课—化学实验—教学研究—高等学校—教材 Ⅳ.①G633.82

中国版本图书馆 CIP 数据核字(2016) 第 003336 号

出 版 人 谭学余
地　　址 北京市东城区嵩祝院北巷 39 号 邮编 100009 电话 (010)64027926
网　　址 www.cnmip.com.cn 电子信箱 yjcbs@cnmip.com.cn
责任编辑 李 臻 于昕蕾 美术编辑 吕欣童 版式设计 孙跃红
责任校对 禹 蕊 责任印制 李玉山
ISBN 978-7-5024-7119-4
冶金工业出版社出版发行；各地新华书店经销；三河市双峰印刷装订有限公司印刷
2016 年 2 月第 1 版，2016 年 2 月第 1 次印刷
169mm×239mm；10.25 印张；201 千字；158 页
25.00 元

冶金工业出版社 投稿电话 (010)64027932 投稿信箱 tougao@cnmip.com.cn
冶金工业出版社营销中心 电话 (010)64044283 传真 (010)64027893
冶金书店 地址 北京市东四西大街 46 号(100010) 电话 (010)65289081(兼传真)
冶金工业出版社天猫旗舰店 yjgycbs.tmall.com
（本书如有印装质量问题，本社营销中心负责退换）

前　言

本书是以教育学、心理学理论及化学学科知识为基础，为适应师范生职业技能需求，将手持技术应用于教学实践的一本实用性较强的教材。

本教材精心挑选了中学20个化学实验，进行了基于手持技术的实验设计与开发。这20个实验与传统实验相比，在融合传统实验的同时，更从实验设计、实验表征等多个方面尝试全新的突破。本书主要有以下特点：第一，编写体例创新。本书从课本核心知识入手，进行了20个实验案例的开发，每个实验内容都设计了"原理微析""实验微探""结果微评""精题微考""百科微赏"等栏目，力求对选取的实验案例进行剖析、发散、拓展。第二，案例内容丰富。本书所选取的20个实验内容覆盖的知识点较多，如第三章，知识点包括强弱电解质的概念、离子反应的条件等；内容选取上具有特色，如将宁夏特产枸杞作为实验对象，测定了其铁含量。第三，案例实用性强。书中所开发的案例适用于教学实践中，如实验十三就可应用于探究影响化学平衡因素的教学中，该实验借助于色度计使实验效果更直观。另外，书中的实验案例都给出了实验参考数据，以期鼓励一线教师推广应用手持技术。

本教材在编写过程中，参考了部分院校的教材和专著，以及国内外相关资料和文献，在此表示诚挚的谢意。另外，在编写过程中，宁夏大学化学化工学院杨文远老师对实验内容进行了指导，部分实验工作由2012级化学师范专业本科生徐建菊、蒋思雪同学完成，一并表示感谢。

由于时间和水平有限，书中不足之处在所难免，敬请广大师生给予批评指正。

作　者
2015年10月于银川

目　录

第一章　手持技术简介

手持技术，又称掌上技术，是由数据采集器、传感器（probe）和配套的软件（probe software）组成的定量采集数据（包括物理、化学和生物数据等）并能与计算机连接的实验技术系统。它是利用传感器、数据采集器、电脑（已安装相应软件）这三者进行连接，把温度、色度等连续变化的物理量转化为电信号，从而对化学实验进行定量研究的装置。

手持技术具有两层含义，即“手持 + 技术”。前者表现为便携与实时两大特点——数据采集器与各类传感器都很小，实验操作可以在手掌上进行，有利于师生随时随地进行探究活动，且数据变化过程与实验过程同步进行，再与计算机连接，便能将变化过程以各种形式（如图像、表格和指针等）动态演示出来；后者表现为准确与综合两大特点——实验数据可以达到相对误差为 0.05% 的准确度，基本符合中学对实验数据准确度的要求。

第一节　手持技术的原理

应用手持技术的具体过程是用传感器（探头）进行测量，用数据采集器进行数据的收集、处理并传输给电脑，再由相应的软件进行数据分析、绘制图像，并直接展现在电脑屏幕上。

一、传感器

传感器顾名思义是具有“传”与“感”功能的一种仪器。首先它起到的作用是“感”，即感受和识别所处环境中相应的信号，“传”即将感受到的信号传递给数据采集器或者是与计算机相配套的软件。不同的传感器能够感受不同的物理量，其中包括温度、气压、溶解氧、电导率、pH 值、气体浓度、离子浓度、溶液色度、溶液浊度等，常用的传感器参数如表 1-1 所示。

二、数据采集器

数据采集器的功能是接受传感器传输过来的电信号，并且将这些电信号进行存储，最终将存储的电信号转换成数字信号传输给计算机，它在传感器和计算机及其配套软件中间起衔接作用。

表 1-1　常用的传感器参数

传感器	技术参数	实物
氧气传感器	范围：0～27%（0～270ppt）； 分辨率：0.01%； 运行温度要求：5～40℃	
气体压力传感器	范围：0～210kPa（0～2.1atm 或 0～1600mmHg）； 最大压力：400kPa（4atm）； 分辨率：0.05kPa（0.0005atm 或 0.40mmHg）； 反应时间：100μs	
混浊度传感器	范围：0～200NTU； 精确度：读取数据 25NTU 内 ±2NUT， 读取数据 25NTU 以上 ±5%； 分辨率：0.25NTU	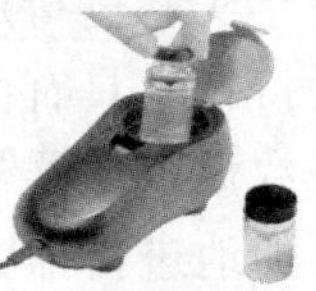
pH 传感器	测量范围：pH 值 0～14pH 单位； 自动温度补偿范围：5～80℃； 分辨率：0.005pH 单位； 反应时间：1s 内读取全部数据的 90%	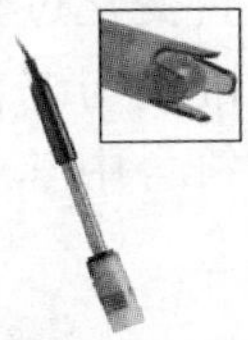
电压传感器	范围：±6V； 分辨率：3.1mV； 传感器电阻：10MΩ	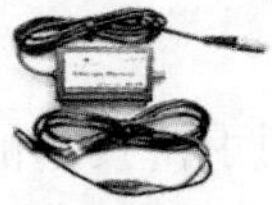
滴定计数传感器	技术参数：精确控制体积，每滴 0.05mL； 可配合 pH 传感器，导电率传感器，搅拌站等一起使用	
色度计	透明度百分比：28%～90%； 吸光率：0.05～1.00； 波长：430nm，470nm，565nm，635nm	
导电率传感器	三个范围： 0～100mg/L TDS 或 0～200μS/cm； 0～1000mg/L TDS 或 0～2000μS/cm； 0～10000mg/L TDS 或 0～20000μS/cm； 分辨率：0.1μS/cm，1μS/cm，10μS/cm； 温度范围：0～80℃； 精确度：各范围全面读数的 ±1%； 尺寸：外径 12mm，长 150mm	

续表 1-1

传感器	技术参数	实物
电流传感器	范围：±0.6A； 分辨率：0.3mA； 传感器电阻：0.1Ω	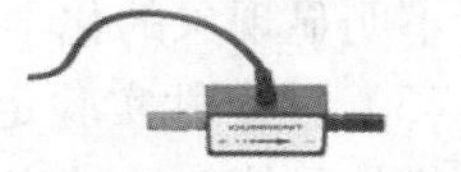
氧化还原电位计	测量范围：-450～1100mV； 分辨率：0.5mV； 电源：7mA、5V 直流电	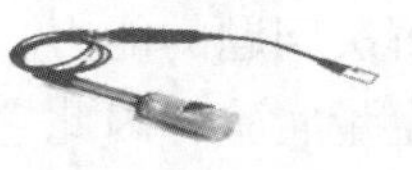
高温传感器	测量范围：-200～1400℃； 精度：±5℃； 分辨率：0.7℃； 电源：0.05mA、5V 直流电	

三、计算机及配套软件

计算机及配套软件被称作数字化实验的翅膀，它们能够将数据采集器传输来的实验数据进行统计与分析处理，并通过计算机完成对实验数据的分析、存储以及显示，将巨大的信息量以简单易懂图表形式显示出来，实现了信息技术在学科教学中的运用。Vernier Lab Pro 的 Logger Pro 软件系统就是较为常用的数据分析配套软件，它具有多种功能，并可以对实验数据进行多种处理，能够直观地反映出实验数据的特点，为实验者找出数据间的规律提供了极大的方便。

第二节　手持技术的特点

传统实验方法经过很多专家和学者的研究和实践证明，有其独特的优势，但是对某些问题却很难通过简单的实验改进就能弥补，而且对于有些实验只是给学生以表面的感性认识而已，不能很好地帮助学生由感性认识上升为理性认识。传感器技术主要是使传统实验的过程更精确化，能够借助其他物理量或化学量来反映实验结果，直观地观察到反应进行的整个过程，让学生更清晰地掌握和理解知识，提高教学效果。

（1）揭示化学实验现象的本质。由于中学化学内容的难易程度是面向大多数学生的，从学生的接受程度出发，教材设置的化学内容一般都具有普适性，但是对于化学这门自然科学来说，它所隐含的化学奥秘却并不是如此简单。因此，对具体的教学内容，结合手持技术能够综合灵活地运用科学探究的方法开展研究性活动，从而为学有所长的学生提供多元的学习机会和体验。

（2）使实验变化过程“可视化”。传统实验的表现形式一般都是通过学生观察实验现象，而基于手持技术的实验可以将整个化学反应过程以数字化、图像、表格、刻度计、视频等多种形式动态实时地显示出来，这种方式不仅利于学生对现象的观察，还利于对实验结果的处理。因此，传感器技术可以将一些微观现象或者不明显现象的化学反应变化过程清晰地呈现出来，利于学生的观察和思考。

（3）使定性实验定量化。定量实验是指要求给出实验中的数值或者各因素间数量的具体关系的实验，因此是一类较高层次的问题，它更能培养学生分析问题和解决问题的能力。手持技术实验最大的特点就是将实验结果数字化，引入大量的定量实验，因此它不仅能从量的角度说明传统定性实验的结论，也可以利用数据处理向导使定量实验得到比较精确的结果。

第三节　手持技术在国内外的发展情况

手持技术作为新型数字化实验的代表，从20世纪80年代开始就在一些发达国家的教学中得到了应用。直到进入21世纪后，沿海发达地区的学校引入了手持技术实验系统，并在广州、上海的一些重点中学进行了尝试。2004年1月天津市第一中学在国内率先建立了第一个中学手持技术实验室。随后，江苏、浙江、广东、福建等几个经济发达省份依托发达的经济基础，也在本省中学建立了基于手持技术的数字化实验室。这些地区的学校开始将这项技术应用在研究性学习中，并开设了有关的校本实验探究课程。

与此同时，我国学者也对这一新型的教学工具产生了兴趣，对其进行了相关研究。其中华南师范大学钱扬义教授对于“手持技术实验”的研究得到了一些较为实用的理论成果，出版了《手持技术在理科实验中的应用研究》和《手持技术在研究性学习中的应用及其心理学基础——信息技术研究性学习整合的实践研究》两本专著，这两本专著从不同层面对手持技术进行了阐述。第一本专著详细介绍了手持技术这一新型的教学工具，探讨了如何发挥其优势并运用于研究性学习中；第二本属于认知层面的研究，主要运用概念图针对中小学科学课程中的“疑难实验”“科学核心概念”“定量研究”等设计开发了一些研究性学习案例。此外，北京师范大学、华东师范大学、南京师范大学等一线的师范类院校的教授以及部分中学教师也对手持技术的探索与研究做出了很大的贡献，其中北京师范大学王磊教授等编著的《传感技术——化学实验探究手册》、四川南充高级中学白涛等编著的《化学：为什么是这样》也都取得了不错的研究成果。从目前现状来看，我国手持技术的应用研究并不均衡。发达地区的一些中学已经将手持技术实验运用于课堂，但依然有一些地域不发达的学生依然没见过甚至没听过手持技术实验。手持技术实验在不同的学科上发展程度也不尽相同，涉及手持技术实验较早的学科是物理和数学，后来才逐渐被引入到化学和生物学科，因此，我国对于手持技术的研究及应用较发达国家尚处于初步阶段，发展还不是很成熟。

第二章　化学能与热能

阿基米德说过：“给我一个支点和足够长的杠杆，我可以撬动地球。”如果把人类社会看作是一个庞大的地球，那么推动人类社会进步的支点和杠杆就是能量。能量使人类脱离了“茹毛饮血”的野蛮，进入繁华多姿的文明时代，而化学反应所释放的能量是现代能量的主要来源。通常情况，化学反应中能量的变化主要表现为热量的变化，几乎所有的化学反应都伴随着能量的释放和吸收。下面，让我们一起感受化学反应中能量的变化。

实验一 酒精灯火焰温度的测定

酒精灯是化学实验中经常使用的加热仪器，其火焰分为焰心、内焰和外焰三部分。通过观察，会发现酒精灯火焰焰心比较暗，内焰最明亮，外焰次之。在人教版九年级上册教材中，“取一根火柴梗，拿住一端迅速平放入火焰中，约 1 ~ 2 秒后取出”，通过观察火柴梗在酒精灯火焰上的碳化程度，从而比较酒精灯火焰的各层温度，并得出结论：外焰温度 ＞内焰温度 ＞焰心温度。因此用酒精灯加热时，都会强调要用外焰加热。酒精灯三层火焰的温度各有多高？三层火焰的温度大小关系究竟如何？为了解决上述问题，可利用手持技术中的高温传感器对酒精灯火焰温度进行测定。

词源微说

酒 精 灯

酒精灯是以酒精为燃料的加热工具，广泛用于实验室、医疗、科研等。由于其燃烧过程中不会产生烟雾，因此也可以通过对器械的灼烧达到灭菌的目的。另外酒精灯燃烧过程中产生的热量，可以对其他实验材料加热。酒精灯分为挂式酒精喷灯和坐式酒精喷灯以及常规酒精灯，实验室等一般以玻璃材质最多。其主要由灯体、棉灯绳（棉灯芯）、瓷灯芯、灯帽和酒精构成。

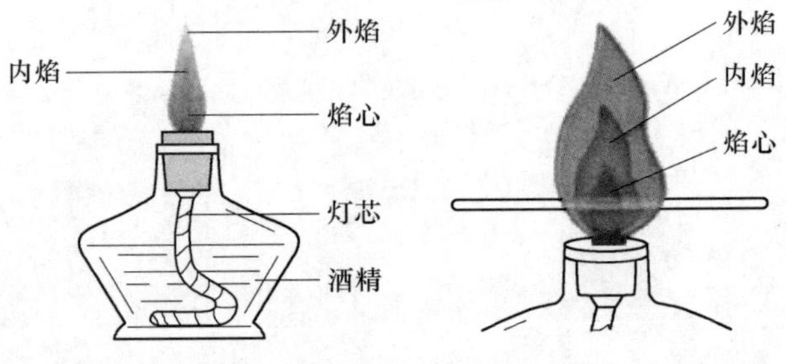

原理微析

酒精灯的三层火焰常有跳动，故本实验测量的是火焰各部位的平均温度。测量时通过改变高温传感器探针顶端与灯芯的距离，从而依次测量酒精灯火焰各部位的温度。

实验微探

我需要

仪器：高温传感器、数据采集器、尺子、酒精灯、铁架台。

我要做

如图 2-1 所示，组装实验装置。参照直尺的刻度，通过调节高温传感器的高度来调节酒精灯灯芯与高温传感器探针顶端的距离，每次调节距离 0.5cm，每个位置测量时间为 60s，并重复操作 3 次。

图 2-1　测量酒精灯火焰温度实验装置

会怎样

酒精灯火焰温度实验结果记录如表 2-1 所示。

表 2-1　酒精灯火焰温度实验结果记录

火焰位置	相对灯芯高度/cm	各温度点平均温度/℃			平均值/℃
		第 1 次	第 2 次	第 3 次	
焰　心	0	373.4	374.4	375.6	562.8
	0.5	498.4	494.1	491.0	
	1.0	523.6	521.6	521.4	
	1.5	574.0	572.9	576.1	
	2.0	617.0	623.1	623.7	
	2.5	654.7	657.4	657.9	
	3.0	693.2	694.4	700.2	

续表 2-1

火焰位置	相对灯芯高度/cm	各温度点平均温度/℃			平均值/℃
		第 1 次	第 2 次	第 3 次	
内 焰	3.5	727.4	728.8	728.1	777.4
	4.0	765.0	780.0	771.6	
	4.5	795.4	799.7	799.9	
	5.0	810.2	810.4	812.6	
外 焰	5.5	779.0	775.5	771.1	730.1
	6.0	743.1	740.3	746.8	
	6.5	716.0	712.5	713.2	
	7.0	689.3	687.4	686.6	

结果微评

由表 2-1 可知，测量所得的酒精灯三层火焰平均温度分别为焰心 562.8℃，内焰 777.4℃，外焰 730.1℃。酒精灯三层火焰温度的大小关系为：焰心 ＜外焰＜内焰，这与教科书上的结论“焰心 ＜内焰 ＜外焰”并不一致。

究其原因：焰心部分空气接触不够，酒精蒸气燃烧不充分，焰心温度最低；外焰虽然和外界空气接触充分，但燃烧时和外界交换能量太多，导致热量散失；内焰酒精蒸气稳定，与空气接触适中，燃烧较充分。因此实验数据测得的酒精灯火焰温度最高的一层是内焰而不是外焰。

精题微考

酒精灯是实验室中常用的加热仪器，某小组同学对酒精灯火焰温度进行如下探究。

（1）定性研究：甲同学取一根火柴梗，拿住一端迅速平放入酒精灯火焰中，1～2s 后取出，观察到位于外焰的部分明显碳化。

1）写出碳完全燃烧的化学方程式：____________________。

2）由上述现象得出结论：外焰温度最高，你认为原因是外焰与空气（氧气）接触更充分____________________。

（2）定量研究：乙和丙同学在老师指导下，分别利用高温传感器测得酒精灯各层火焰平均温度如下表。

火 焰	平均温度/℃	
	乙	丙
焰 心	432	598
内 焰	666	783
外 焰	520	667

1）由上表得出结论：__________（填“焰心”、“内焰”或“外焰”）温度最高。

2）结合定量研究结论，下列图示中加热方法（试管夹未画出）最合理的是__________________（填字母序号）。

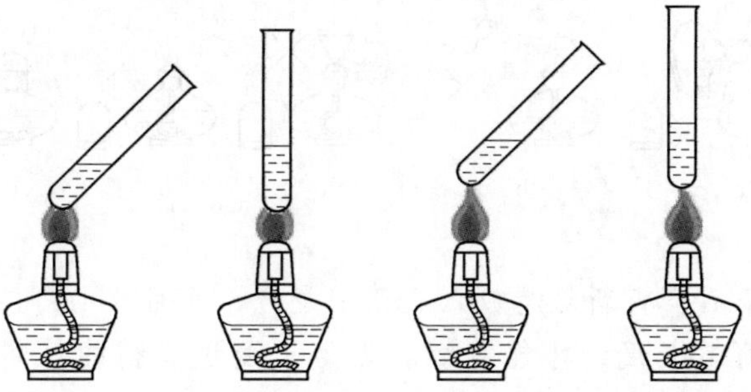

(3) 交流反思：不仅酒精灯的各层火焰温度不同，而且相同火焰层温度也有差异。造成乙、丙两同学所测相同火焰层温度差异的原因可能是（写出两点即可）__________________。

百科微赏

酒精灯知多少？

新购置的酒精灯应首先配置灯芯。灯芯通常是用多股棉纱线拧在一起，插进灯芯瓷套管中。灯芯不要太短，一般浸入酒精后还要长 4 ~ 5cm。对于旧灯，特别是长时间未用的灯，在取下灯帽后，应提起灯芯瓷套管，用洗耳球或嘴轻轻地向灯内吹一下，以赶走其中聚集的酒精蒸气。再放下套管检查灯芯，若灯芯不齐或烧焦都应用剪刀修整为平头等长。

新灯或旧灯壶内酒精少于其容积 1/4 的都应添加酒精。酒精不能装得太满，以不超过灯壶容积的 2/3 为宜。酒精量太少则灯壶中酒精蒸气过多，易引起爆燃；酒精量太多则受热膨胀，易使酒精溢出，发生事故。添加酒精时一定要借助小漏斗，以免酒精洒出。燃着的酒精灯，若需添加酒精，必须熄灭火焰。决不允许燃着时加酒精，否则，很易着火，造成事故。万一洒出的酒精在桌上燃烧起来，要立即用湿棉布盖灭。用完酒精灯，火焰必须用灯帽盖灭，不可用嘴吹灭，以免引起灯内酒精燃烧，发生危险。

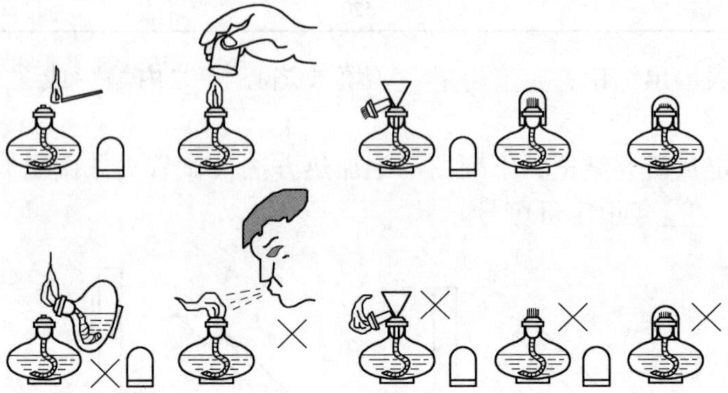

a　b　c　d　e

新灯加完酒精后需将新灯芯放入酒精中浸泡，而且移动灯芯套管使每端灯芯都浸透，然后调好其长度，才能点燃。因为未浸过酒精的灯芯，一经点燃就会烧焦。

点燃酒精灯一定要用燃着的火柴，决不能用一盏酒精灯去点燃另一盏酒精灯。否则易将酒精洒出，引起火灾。

加热时若无特殊要求，一般用温度最高的外焰来加热器具。加热的器具与灯焰的距离要合适，过高或过低都不正确。与灯焰的距离通常用灯的垫木或铁环的高低来调节。被加热的器具必须放在支撑物（三脚架、铁环等）上或用坩埚钳、试管夹夹持，绝不允许手拿仪器加热。

加热完毕或要添加酒精需熄灭灯焰时，可用灯帽将其盖灭，如果是玻璃灯帽，盖灭后需再重盖一次，放走酒精蒸气，让空气进入，免得冷却后盖内造成负压使盖打不开；如果是塑料灯帽，则不用盖两次，因为塑料灯帽的密封性不好。决不允许用嘴吹灭。

不用的酒精灯必须将灯帽罩上，以免酒精挥发，因为酒精灯中的酒精，不是纯酒精，所以挥发后，会有水在灯芯上，致使酒精灯无法点燃。酒精灯如长期不用，灯内的酒精应倒出，以免挥发；同时在灯帽与灯颈之间应夹小纸条，以防粘连。

实验二　中和热的测定

人民教育出版社出版的《高中化学（选修4）》第一章中安排了“中和反应反应热的测定”实践活动。实验主要借助温度计来测量50mL 0.5mol/L HCl溶液和0.55mol/L NaOH反应前后的温度变化，并运用相应公式计算反应放出的热量。然而在实验过程中，需要不断读取温度计的数据，实验时间也较长，不利于演示实验，降低了学生的参与度，且这样的实验方法经常导致实验结果与理论值相差较大。利用手持技术中的温度传感器连续采集数据，学生可以通过直观、准确、实时的图像数据来观察温度的变化，进而准确求算出中和热。

词源微说

中　和　热

稀溶液中，强酸和强碱发生中和反应生成1mol液态H_2O时所放出的热量。

原理微析

在298K的稀溶液情况下，1mol OH^-与1mol H^+中和，可放出57.3kJ的热量，即

$$H^+(aq) + OH^-(aq) \xlongequal{} H_2O(aq) \quad \Delta_r H_m^{\ominus} = -57.30kJ/mol$$

在水溶液中，强酸和强碱几乎全部离解出H^+和OH^-，故各种一元强酸和强碱的中和热数值是相同的。

实验利用温度传感器，测量反应前后温度的变化，再根据公式

$$Q = cm\Delta T$$

可求算出反应释放的热量。式中，c为量热计的各个部件及研究体系本身的总热容，在实验中，我们忽略量热计对测量的影响，将其近似看作水的比热容[c = 4.18J/(g·℃)]，m为混合溶液的质量（混合溶液的密度看作1g/cm^3），50mL的0.5mol/L HCl溶液和0.5mol/L NaOH混合后，生成0.0025mol水时放出的热量$Q=0.418(t_2-t_1)$kJ，根据中和热定义，计算得出ΔH(kJ/mol)：

$$\Delta H = \frac{0.418(t_2 - t_1)}{0.025}$$

实验微探

我需要

药品：0. 5mol/L HCl 溶液、0. 55mol/L NaOH 溶液。

仪器：烧杯、量筒、温度传感器、数据采集器、塑料泡沫。

我要做

（1）取两个大小不同的烧杯，将小烧杯套入进大烧杯中，空隙之处填满泡沫。另取泡沫塑料板裁剪成圆形作为烧杯盖。在泡沫烧杯盖上打两个孔，一个插入温度传感器，另一个插入环形玻璃搅拌，如图 2-2 所示。

图 2-2 实验装置

（2）用量筒量取 50. 0mL 0. 50mol/L 盐酸倒入小烧杯中，将温度传感器放入到稀盐酸溶液中，开始采集数据，待数据稳定后停止采集，记录此时的温度为 t_{HCl}。

（3）将温度传感器从稀盐酸中取出，用蒸馏水洗净并用滤纸擦干。用量筒量取 50. 0mL 0. 50mol/L 氢氧化钠溶液倒入小烧杯中，将温度传感器放入到氢氧化钠溶液中，开始采集数据，待数据稳定后停止采集，记录此时的温度为 t_{NaOH}。

（4）将烧杯中稀盐酸溶液倒入简易量热器中，插入温度传感器，采集数据，待温度稳定后，迅速倒入氢氧化钠溶液，盖上泡沫盖。

（5）观察数据变化，待温度稳定后停止采集数据，读取最高温度 t_2。重复上述步骤，平行测定三次，带入公式进行计算。

会怎样

经三次实验，测得的温度变化曲线如图 2-3 所示，中和热测定数据如表 2-2 所示。

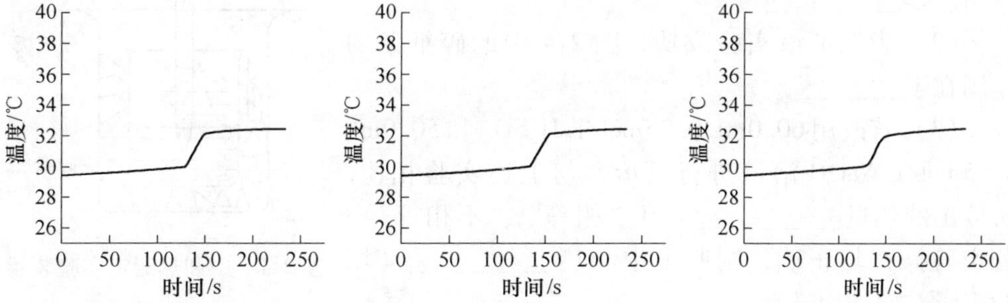

图 2-3　温度变化曲线

表 2-2　中和热测定数据

实验次数	初始温度/℃		平均温度	最高温度	温度差	中和热	中和热均值
	t_{HCl}	t_{NaOH}	t_1/℃	t_2/℃	Δt/℃	/kJ · mol^{-1}	/kJ · mol^{-1}
1	29. 41	29. 41	29. 41	32. 42	3. 01	50. 31	
2	29. 40	29. 40	29. 40	32. 42	3. 02	50. 51	50. 49
3	29. 39	29. 39	29. 39	32. 42	3. 03	50. 65	

结果微评

利用手持技术测定稀盐酸溶液与稀氢氧化钠溶液反应过程中温度的变化，当稀盐酸和氢氧化钠溶液混合后曲线会出现一个转折点，温度开始升高，表示酸碱发生中和反应，化学能逐渐转化为热能。一段时间之后温度趋于稳定，其曲线出现一个平台，表示中和反应的化学能完全转化为热能。通过三次重复实验，根据计算公式可以求出此反应的中和热，得到平均值为 50. 49kJ/mol，这与教师参考书中给出的理论值 57. 30kJ/mol 相比，其相对误差为 11. 7%。

精题微考

中和热的测定是高中重要的定量实验。取 0. 55mol/L 的 NaOH 溶液 50. 0mL

与0.25mol/L的稀硫酸50.0mL置于如图2-4所示的装置中进行中和热的测定实验，回答下列问题：

（1）从图2-4实验装置看，其中尚缺少的一种玻璃用品是__________，除此之外，装置中的一个明显错误是__________。

（2）为保证该实验成功，图2-4中的碎纸条的作用在于__________。

（3）若改用60.0mL 0.25mol/L H_2SO_4 和50.0mL 0.55mol/L NaOH溶液进行反应，与上述实验相比，所放出的热量__________（填“相等”“不相等”），若实验操作均正确，则所求中和热__________（填“相等”“不相等”）。

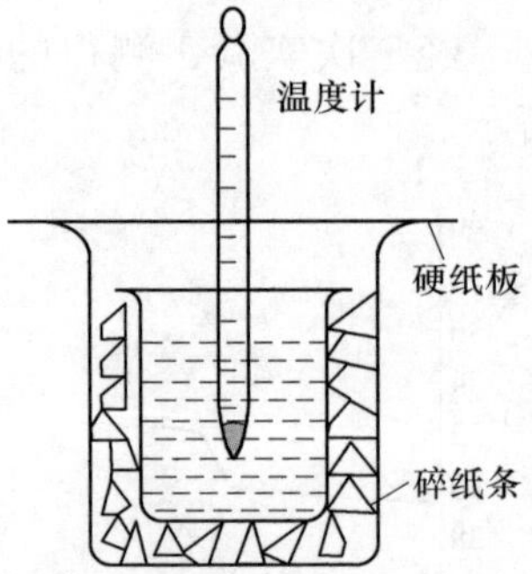

图2-4　中和热测定实验装置

（4）使硫酸与NaOH溶液混合均匀的正确操作是__________。

a. 用温度计小心搅拌

b. 揭开硬纸片用玻璃棒搅拌

c. 轻轻地振荡烧杯

d. 用套在温度计上的环形玻璃棒轻轻地搅动

（5）实验数据如下表：

1）请填写下表中的空白：

实验次数	初始温度/℃		平均温度 t_1/℃	最高温度 t_2/℃	温度差平均值 (t_2-t_1)/℃
	H_2SO_4	NaOH			
1	26.2	26.0	26.1	29.5	
2	27.0	27.4	27.2	32.3	
3	25.9	25.9	25.9	29.2	
4	26.4	26.2	26.3	29.8	

2）近似认为0.55mol/L NaOH溶液和0.25mol/L硫酸溶液的密度都是1g/cm^3，中和后生成溶液的比热容 c=4.18J/(g·℃)，则中和热ΔH=__________。

3）上述实验数值结果与57.3kJ/mol有偏差，产生偏差的原因可能是（填字母）__________。

a. 实验装置保温、隔热效果差

b. 用温度计测定NaOH溶液起始温度后直接测定 H_2SO_4 溶液的温度

c. 分多次把NaOH溶液倒入盛有硫酸的小烧杯中

百科微赏

中和热测定实验中的八个问题

（1）测定酸碱中和热为什么要用稀溶液？

如果在浓溶液中，即使是强酸或强碱，由于得不到足够的水分子，也不能完全电离为自由移动的离子。在中和反应过程中会伴随着酸或碱的电离及离子的水化，电离要吸收热量，离子的水化要放出热量，不同浓度时这个热量就不同，所以中和热的值就不同，这样就没有一个统一标准了。

（2）为什么强酸强碱的中和热是相同的？

在稀溶液中，强酸和强碱完全电离，所以它们的反应就是 H^+ 与 OH^- 结合成 H_2O 的反应，每生成1mol 水放出的热量（中和热）是相同的，均为57.3kJ/mol。

（3）为什么弱酸、弱碱参加的中和反应的中和热小于57.3kJ/mol？

弱酸、弱碱在水溶液中不能完全电离，存在着电离平衡。弱酸或弱碱参与中和反应的同时，伴随着电离，电离过程要吸收热量，此热量就要由 H^+ 与 OH^- 结合成水分子放出的热量来抵偿，所以总的来说中和热小于57.3kJ/mol。

（4）是什么原因使中和热测定结果往往偏低？

按照教材中所示装置进行中和热测定，往往所测结果偏低，造成如此现象的主要原因有：

1）仪器保温性能差。教材中用大小烧杯间的碎纸片来隔热保温，其效果当然不好，免不了热量散失，所以结果偏低，这是主要原因；

2）实验中忽略了小烧杯、温度计所吸收的热量，因此也使结果偏低；

3）计算中假定溶液比热容为4.18J/(g·℃)，密度为 $1g/cm^3$，实际上这是水的比热容和密度，酸碱溶液的比热容、密度均比此数大，所以也使结果偏低。

（5）为何说保温效果差是造成中和热测定值偏低的主要原因？

实验中温度升高得不多，所以烧杯、玻璃棒吸收的热量甚小，影响不大；而酸、碱溶液是稀溶液，实际密度和比热容与水相差甚微，所以此影响更微弱。因此说，结果偏低的主要原因是保温性能差，若能改进装置，比如用保温杯代替烧杯，使保温性能良好，就更能接近理论值。

（6）离子方程式 $H^+ + OH^- = H_2O$ 代表了酸碱中和反应的实质，能否用此代表所有中和反应的离子方程式？

离子方程式书写要求“将难电离或难溶的物质以及气体等用化学式表示”，只有可溶性强酸、强碱的离子方程式才可能如此表示，弱酸、弱碱参与中和反应时应以分子的形式保留。例如，醋酸和氢氧化钠的离子方程式就应当写为：$HAc + OH^- = Ac^- + H_2O$。

(7) 为什么中和热测定中要用稍过量的碱？能不能用过量的酸？

这是为了保证碱（或酸）能够完全被中和。H^+与OH^-相互接触碰撞才能发生反应，如果用等量的酸、碱，随着反应的进行，H^+与OH^-相互碰撞接触的机会越来越少，越来越困难，可能有一部分H^+与OH^-就不能反应，而在一种微粒过量的情况下，则大大增加了另一种微粒完全反应的机会。不能用过量的酸，因为碱中含有杂质碳酸钠，酸过量就会有酸与碳酸盐反应导致中和热测定不准。

(8) 为什么要用环形玻璃棒搅拌？若用铁丝取代环行玻璃棒会不会有影响？

为了使反应充分。若用铁丝取代环行玻璃棒会使铁与酸反应放出热量，而且铁丝传热快，使测量值偏低。

实验三　碳酸钠和碳酸氢钠与盐酸反应的热效应

化学变化过程中都会伴随着能量的变化，这种变化通常会以热量的形式表现。化学上把放出热量的反应称为放热反应，吸收热量的反应称为吸热反应。从反应物和生成物的总能量相对大小的角度比较，如图 2-5 所示。

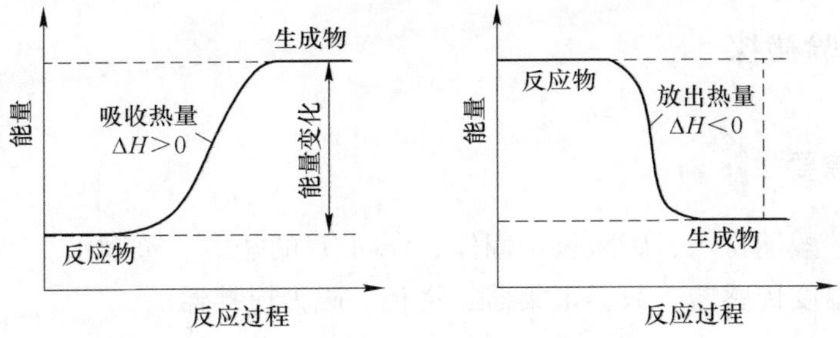

图 2-5　吸热反应和放热反应的比较

物质变化过程中的热效应可以用实验的方法进行测定。通常能直接测定的热效应，除了中和热外，还有溶解热、燃烧热、稀释热等。高中学习了碳酸钠与碳酸氢钠的水溶性、与盐酸反应的速率及两者的热稳定性，对于碳酸钠和碳酸氢钠与盐酸反应热效应没有探究。在教学实践中发现，在学习了中和热之后，很多学生认为由于碳酸钠和碳酸氢钠显碱性，因此与稀盐酸反应时放出热量。碳酸钠和碳酸氢钠与盐酸反应放出热量吗？两者与稀盐酸反应过程中的热效应如何？下面，我们利用手持技术对反应的热效应产生过程进行实验研究。

原理微析

碳酸钠和碳酸氢钠与盐酸反应时会产生热量的变化，从理论角度来看，热量的变化来自于固体溶解、溶液之间稀释和反应过程。

（1）碳酸钠和碳酸氢钠溶解焓变：

$$Na_2CO_3(s) = 2Na^+(aq) + CO_3^{2-}(aq) \qquad \Delta_r H_m^\ominus = -16.7kJ/mol$$

$$NaHCO_3(s) = Na^+(aq) + HCO_3^-(aq) \qquad \Delta_r H_m^\ominus = +18.9kJ/mol$$

（2）碳酸钠和碳酸氢钠固体与盐酸反应的焓变：

$$Na_2CO_3(s) + 2H^+(aq) = 2Na^+(aq) + H_2O(l) + CO_2(g)$$

$$\Delta_r H_m^\ominus = -28.9kJ/mol$$

$$NaHCO_3(s) + H^+(aq) = Na^+(aq) + H_2O(l) + CO_2(g)$$

$$\Delta_r H_m^\ominus = +31.4kJ/mol$$

(3) 碳酸钠和碳酸氢钠溶液与盐酸反应的焓变：

$$CO_3^{2-}(aq) + 2H^+(aq) \xlongequal{\quad} H_2O(l) + CO_2(g) \qquad \Delta_r H_m^{\ominus} = -12.2kJ/mol$$

$$HCO_3^-(aq) + H^+(aq) \xlongequal{\quad} H_2O(l) + CO_2(g) \qquad \Delta_r H_m^{\ominus} = +12.5kJ/mol$$

通过理论计算可知，碳酸钠固体溶解焓变小于0，因此其溶解过程为放热过程。碳酸钠固体和液体分别与稀盐酸反应，其反应焓变也都小于0，因此反应放出热量。而碳酸氢钠无论是固体的溶解过程，还是固体、液体与稀盐酸反应，其焓变都是大于0的，因此碳酸钠的溶解过程是吸热过程，其与稀盐酸反应为吸热反应。

实验微探

我需要

药品：碳酸钠粉末、碳酸氢钠固体、1mol/L的盐酸、蒸馏水。

仪器：温度传感器、数据采集器、烧杯、磁力搅拌器。

我要做

如图2-6所示，连接实验装置，并进行以下三个实验：

(1) 称取1.68g碳酸氢钠和2.12g碳酸钠粉末（等物质的量），分别溶于20mL水，利用温度传感器测定其温度变化。

(2) 称取1.68g碳酸氢钠和2.12g碳酸钠粉末（等物质的量），分别与20mL 1mol/L盐酸反应，利用温度传感器测定其温度变化。

(3) 将10mL 1mol/L碳酸氢钠和碳酸钠溶液分别和10mL 1mol/L的盐酸反应，利用温度传感器测定其温度变化。

图2-6　碳酸钠和碳酸氢钠与盐酸反应的热效应实验装置

会怎样

经过三组实验，碳酸钠和碳酸氢钠固体溶解、固体与稀盐酸反应、溶液与稀盐酸反应过程中的温度变化如图 2-7 ~ 图 2-12 所示，经过数据处理，反应温度变化如表 2-3 所示。

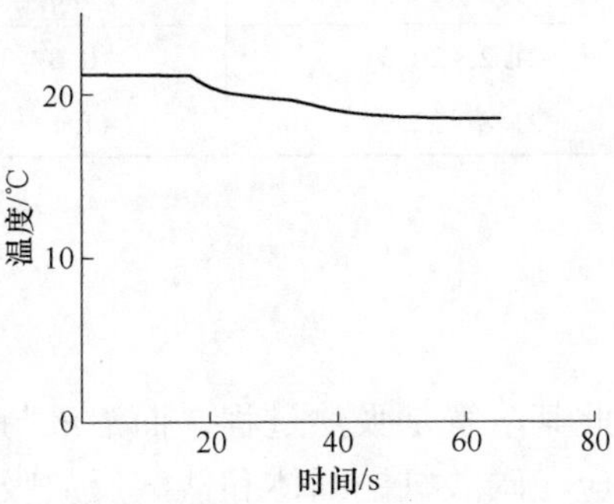

图 2-7　碳酸氢钠粉末溶于水反应

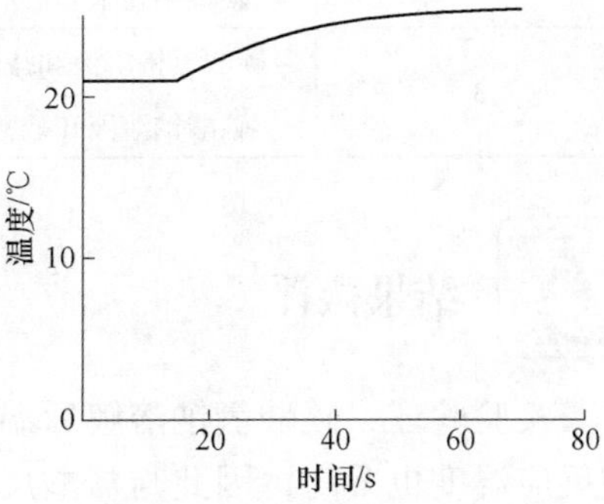

图 2-8　碳酸钠粉末溶于水反应

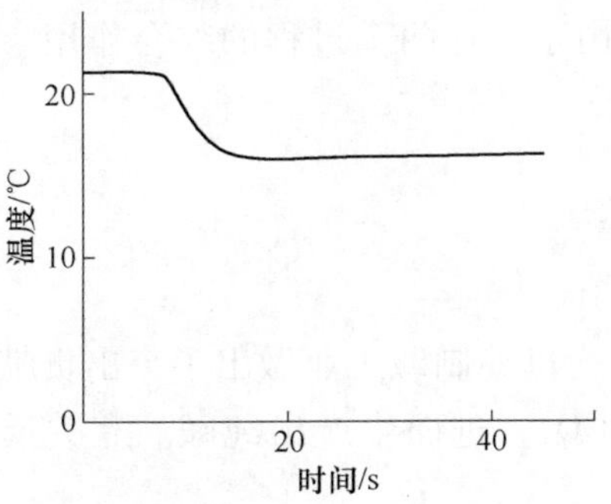

图 2-9　碳酸氢钠粉末和盐酸反应

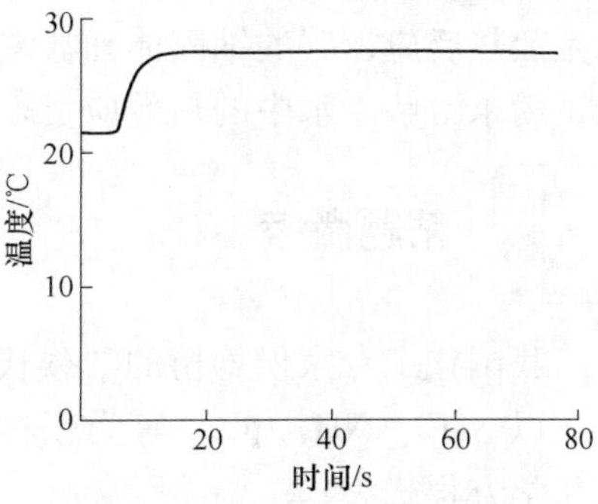

图 2-10　碳酸钠粉末和盐酸反应

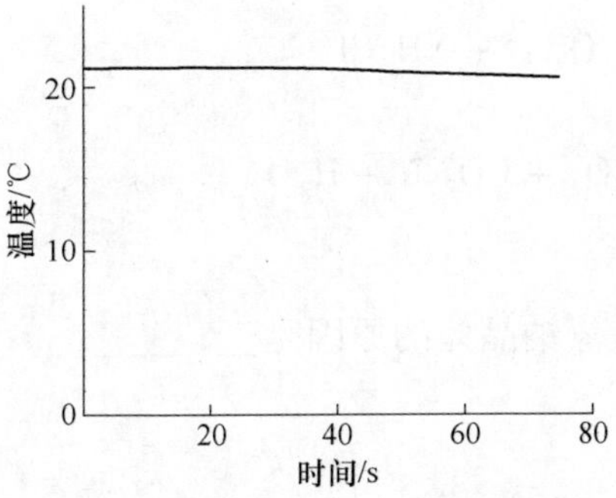

图 2-11　碳酸氢钠溶液和盐酸反应

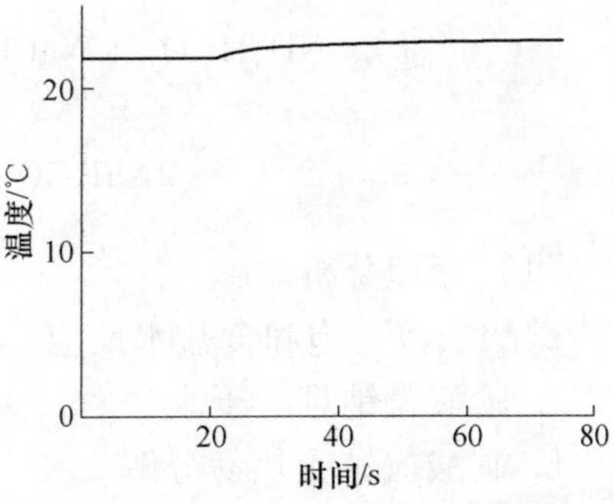

图 2-12　碳酸钠溶液和盐酸反应

表 2-3　温度变化数据

实验编号	实验操作	温度变化（$T_{后}-T_{前}$）/℃	ΔT/℃
1	碳酸氢钠粉末溶于水	21.2～18.5	-2.7
	碳酸钠粉末溶于水	21.1～25.5	+4.4
2	碳酸氢钠粉末和盐酸反应	21.3～16.3	-5.0
	碳酸钠粉末和盐酸反应	21.5～26.3	+4.8
3	碳酸氢钠溶液和盐酸反应	21.2～20.6	-0.6
	碳酸钠溶液和盐酸反应	21.8～22.9	+1.1

结果微评

实验验证，碳酸氢钠溶解后温度升高，因此其溶解是吸热过程，而溶液与盐酸反应温度也升高，因此与盐酸反应是吸热反应。碳酸氢钠固体和盐酸反应吸热的原因在于上述两个过程的综合作用。碳酸氢钠粉末溶解于水中的热效应贡献占主要部分。碳酸钠溶解时温度降低，因此其溶解是放热过程，其溶液与盐酸反应也是放热反应，碳酸钠固体和盐酸反应放热是由于上述两个过程的综合作用。碳酸钠粉末溶解于水中的热效应贡献占主要部分。

精题微考

我国化工专家侯德榜的“侯氏制碱法”曾为世界制碱工业做出了突出贡献。

以 NaCl、NH_3、CO_2 等为原料先制得 $NaHCO_3$，进而生产出纯碱。有关反应的化学方程式为：

$$NH_3 + CO_2 + H_2O = NH_4HCO_3$$

$$NH_4HCO_3 + NaCl = NaHCO_3\downarrow + NH_4Cl$$

$$2NaHCO_3 \overset{\triangle}{=} Na_2CO_3 + CO_2\uparrow + H_2O$$

（1）原理分析。

碳酸氢铵与饱和食盐水反应，能析出碳酸氢钠晶体的原因是＿＿＿＿＿＿。

a. 碳酸氢钠难溶于水

b. 碳酸氢钠受热易分解

c. 碳酸氢钠的溶解度相对较小，在溶液中首先结晶析出

（2）实验探究。

1）一位同学将二氧化碳气体通入含氨的饱和食盐水中制备碳酸氢钠，实验装置如下图所示（图中夹持、固定用的仪器未画出）。

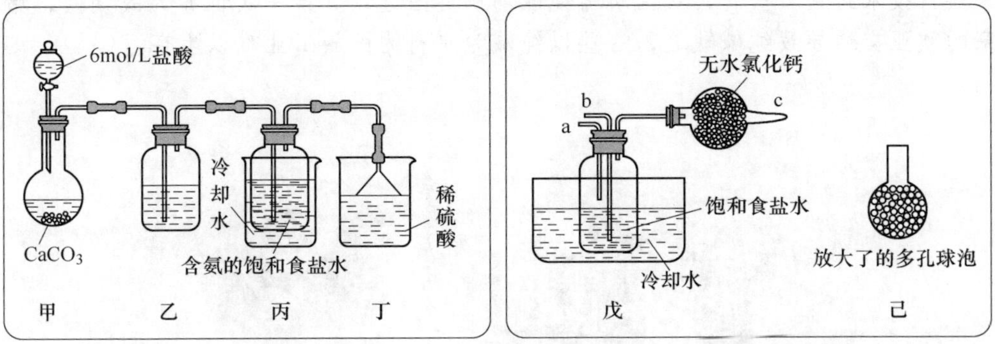

回答下列有关问题：

①乙装置中的试剂是______________；

②丁装置中稀硫酸的作用是______________；

③实验结束后，分离出 $NaHCO_3$ 晶体的操作是______________。

2）另一位同学用图中戊装置（其他装置未画出）进行实验。

①实验时，须先从________管通入________气体，再从________管通入________气体。

②有同学建议在戊装置的 b 导管下端连接己装置，理由是________。

3）请再写出一种实验室制取少量碳酸氢钠的方法：________。

百科微赏

侯德榜："侯氏制碱法"的创造者

导语

他是一位杰出的科学家。他打破了苏尔维集团 70 多年对制碱技术的垄断，发明了世界制碱领域最先进的技术，并为祖国的化工事业奋斗终生。他犹如一块坚硬的基石，与范旭东、陈调甫等实业家、化学家一起，托起了中国现代化学工业的大厦。他就是被人们称为“国宝”的侯德榜先生。

(1) 打破制碱技术垄断。

纯碱（碳酸钠）是工业中不可缺少的重要原料。最初，人们从盐碱地或盐湖中获取纯碱，但远远满足不了工业生产的需要。1862 年，比利时人苏尔维以食盐、氨、二氧化碳为原材料，成功制取了碳酸钠。此后，英、法、德、美等国家相继建立了大规模生产纯碱的工厂，并组织了苏尔维工会，对会员国之外的国家实行技术封锁。当时，我国所需纯碱均从英国进口。第一次世界大战期间，堵塞的欧亚交通导致纯碱缺乏，一些以纯碱为原料的民族工业难以生存。

1921 年，刚在美国获得博士学位的侯德榜，受到爱国实业家范旭东的邀请，离美回国，负责中国第一个纯碱厂——永利碱厂的技术工作。为了使永利碱厂早日生产出合格碱，侯德榜用在美国所学的科学知识，在实践中苦苦摸索，和其他技术人员一起克服了一个又一个困难。1926 年 8 月，“中国永利”制造的“红三角”牌纯碱，在美国费城万国博览会上荣获金质奖章，并得到“中国近代工业进步的象征”的评语，“红三角”牌纯碱的生产不仅满足了国内市场需要，还打入了国际市场，打破苏尔维集团 70 多年对制碱技术的垄断。

（2）创立“侯氏制碱法”。

1937 年 7 月 7 日，抗日战争全面爆发。年底，侯德榜带领技术人员被迫西迁重庆。由于当时内地盐价昂贵，用传统的苏尔维法制碱成本太高，无法维持生产。永利碱厂决定向德国购买盐的利用率可高达 90% ~95% 的察安制碱法，但当时的纳粹德国与日本暗中勾结，除了向侯德榜一行索要高价外，还提出有损中国主权的苛刻条件。为了维护民族尊严，范旭东与侯德榜拂袖而去，毅然决定“自己干”。

侯德榜先后在美国、中国香港建立实验室，带领永利的工程技术人员投入紧张的制碱方法实验。经过 500 多次循环试验，终于研制出新制碱工艺：将氨厂和碱厂建在一起，联合生产：氨厂提供碱厂需要的氨和二氧化碳，加入食盐使母液里的氯化铵结晶出来作为化工产品或化肥，食盐溶液又可以循环使用……这项新工艺使盐的利用率达到 98% 以上，不仅节省了设备及辅助原料 1/3，而且解决了废液占地毁田、污染环境的问题，将世界制碱技术水平推向了一个新高度，赢得了国际化工界极高的评价。1943 年，中国化学工程师学会一致同意将其命名为

“侯氏联合制碱法”。时至今日，“侯氏制碱法”仍然是世界制碱领域最先进的技术。

(3) 发展新中国化学工业。

新中国即将成立的1949年初，侯德榜还在印度指导工作，当他得到友人转来的周恩来给他的信后，立即冲破了种种阻挠，于1949年7月回到了气象更新的祖国，作为科学家的代表参加了全国政治协商会议。从此他开始投入恢复、发展新中国化学工业的崭新工作。

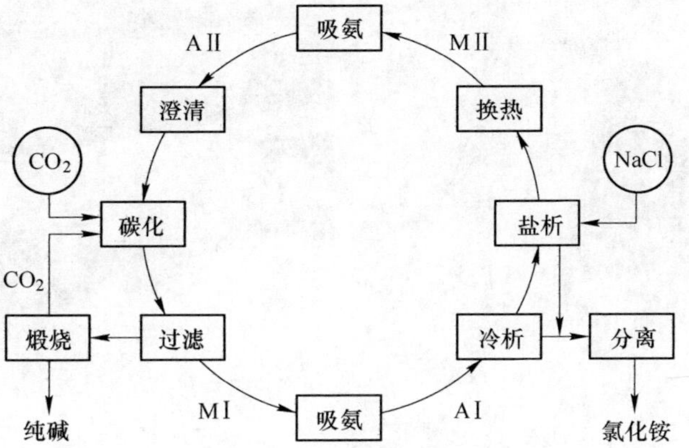

侯氏制碱法过程

新中国成立后的20世纪50年代后期，我国农民发展农业的积极性空前高涨，迫切需要大量化肥。在侯德榜的积极支持和具体参与下，碳化法氮肥生产新工艺流程获得成功。1965年10月，“碳化法合成氨流程制碳酸氢铵”的新工艺，经国家科委审定为重大发明，侯德榜是首席发明人并获发明证书。到20世纪80年代中期，全国有1000多家中、小型氮肥厂采用这种新工艺，小化肥的产量达到了全国化肥总产量的一半，为我国农业发展做出了巨大贡献。

第三章　化学能与电能

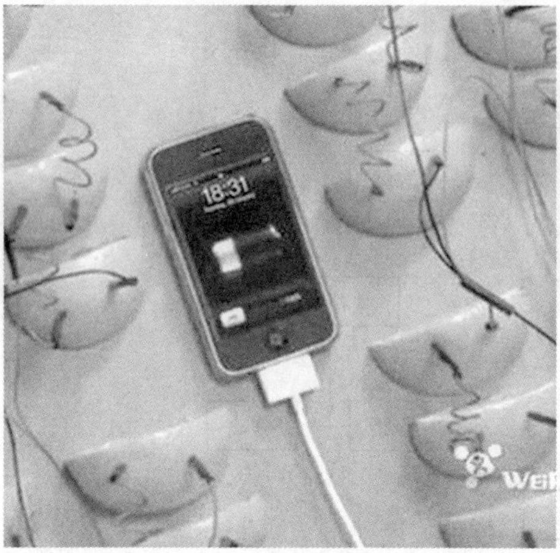

格林太太是位漂亮、开朗、乐观的妇女。当她开怀大笑的时候，人们可以发现她整齐洁白的牙齿格中镶有两颗假牙：其中一颗是黄金的——这是她富有的标志；另外一颗是不锈钢的——这是一次车祸后留下的痕迹。令人百思不解的是，自从那次车祸安上不锈钢假牙后，格林太太经常头痛、彻夜失眠、心情烦躁，许多医生绞尽脑汁，格林太太的病情仍未好转。有一天，一位年轻化学家来看望她，为格林太太揭开病因解除病痛。原来，金牙和不锈钢牙，与口腔唾液中的电解质形成原电池，产生微弱的电流，其持续长时间地刺激格林太太神经末梢，打乱了神经系统的正常状态，引起人体的不适，如果两个假牙换成一样的材质，就不会产生微弱电流了。原电池中的电流是怎么产生的？生活中能否根据产生电流的原理制作简单电池？让我们带着这些问题，走进“化学能与电能”的学习。

实验四　简易原电池

原电池的发明历史可追溯到18世纪末期，意大利生物学家伽伐尼在进行著名的青蛙实验时，当用金属手术刀接触蛙腿时，发现蛙腿会抽搐。意大利科学家伏打认为这是金属与蛙腿组织液（电解质溶液）之间产生的电流刺激造成的。1800年，伏打据此设计出了被称为伏打电堆的装置，锌为负极，银为正极，用盐水作电解质溶液。1836年，丹尼尔发明了世界上第一个实用电池，并用于早期铁路信号灯。

人民教育出版社出版的《高中化学（选修4）——化学反应原理》第四章以“铜锌原电池”为例介绍了将化学能转化为电能的装置原电池，下面，我们利用电压传感器，测定简易原电池的电压，深入感受化学能转化为电能的过程，并探究不同原电池之间的区别与联系。

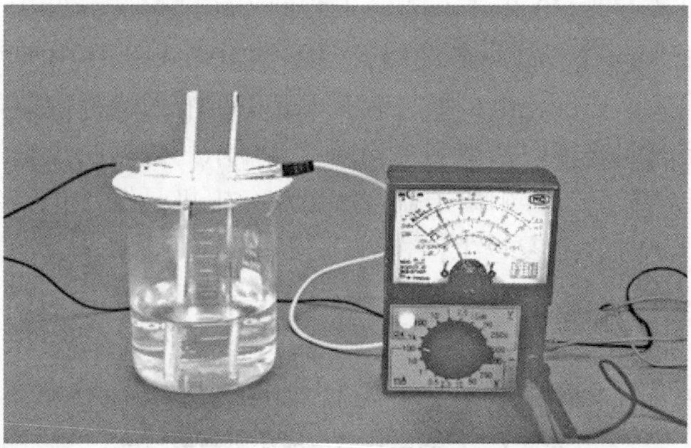

词源微说

原　电　池

原电池是利用两个电极的电极电势的不同，产生电势差，从而使电子流动，产生电流，又称非蓄电池，是电化学电池的一种。其电化学反应不能逆转，即是只能将化学能转换为电能。简单说即是不能重新储存电力，与蓄电池相对。

原理微析

原电池是利用氧化还原反应将化学能转化为电能的装置。原电池的工作原理是将氧化还原反应的氧化反应、还原反应分别在活泼性不同的两个电极上进行，还原剂在负极被氧化，失去的电子通过导线传递给正极，氧化剂在正极被还原，得到电子，从而实现化学能到电能的转化。

实验微探

我需要

药品：铜片、锌片、镁片、铁片、0.36mol/L $ZnCl_2$ 溶液、0.36mol/L $CuCl_2$ 溶液、0.36mol/L $FeCl_2$ 溶液。

仪器：饱和 KNO_3 盐桥、烧杯、量筒、电压传感器、数据采集器。

我要做

电压传感器红色探头接铜片，黑色探头接镁片，将电压传感器与数据采集器进行连接；用量筒量取 30.0mL 0.36mol/L 的 $CuCl_2$ 溶液，倒入 100mL 烧杯中，再取 30.0mL 0.36mol/L $MgCl_2$ 溶液倒入另一个 100mL 烧杯中，并用盐桥将两烧杯连接；点击采集，把红色电极插入装有 $CuCl_2$ 溶液的烧杯内，再把黑色电极插入装有 $MgCl_2$ 溶液的烧杯中，观察实验现象及显示的数据曲线变化。

把烧杯洗干净，装上等阳离子盐溶液，红色电极是铜片，黑色电极换上新的金属片（锌片、铁片）重复以上操作。

会怎样

三种简易原电池实验数据记录如表 3-1 所示。

表 3-1　三种简易原电池实验数据记录

探针引线		电压/V			
红色	黑色	1	2	3	平均值
Cu	Mg	1.657	1.656	1.653	1.655
Cu	Zn	1.010	1.014	1.010	1.011
Cu	Fe	0.565	0.570	0.565	0.567

结果微评

由表 3-1 实验数据可以得出：$E_{Cu—Mg} > E_{Cu—Zn} > E_{Cu—Fe} > 0$，所以电极正负没有接反，金属活泼性较强的为负极，较弱的为正极。另外，金属活动性顺序是 Mg > Zn > Fe > Cu，根据实验数据可知，铜和镁电极活动性相差最大，产生的电压最大，铜和铁金属活动性相差最小，产生的电压最小，因此，金属电极活泼性相差越大，其产生的电压越大。

精题微考

（1）A、B、C 三个烧杯中分别盛有相同物质的量浓度的稀硫酸，如下图所示。

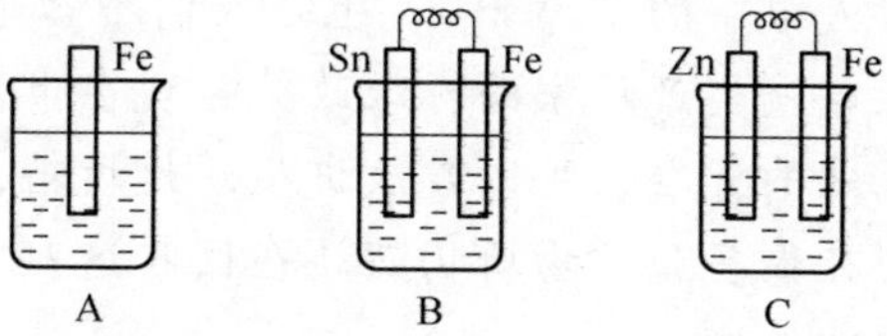

1）B 中 Sn 极的电极反应式为________________，Sn 极附近溶液的 pH 值（填“增大”“减小”或“不变”）________________。

2）C 中总反应离子方程式为________________。比较 A、B、C 中铁被腐蚀的速率，由快到慢的顺序是________________。

（2）下图是甲烷燃料电池原理示意图，回答下列问题：

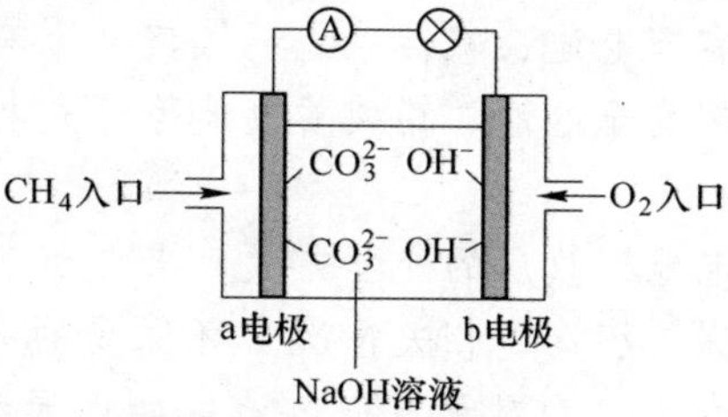

1）电池的负极是________________（填“a”或“b”），该极的电极反应是：________________。

2）电池工作一段时间后电解质溶液的 pH 值________________（填“增大”“减小”或“不变”）。

百科微赏

废旧电池回收误区知多少

导语

“一块废旧电池污染水量相当于一个标准的游泳池”这句废旧电池回收的经

典口号由来已久，但其真实性一直被人们所质疑，甚至被人吐槽为“伪环保知识”，为什么这么说呢？废电池回收活动的背后又存在着哪些误区？近日，来自南京航空航天大学的一群大学生利用暑期针对“废旧电池回收”进行了调研，揭秘废旧电池回收背后的问题。

(1) 不需要回收的在回收。

电池中包含大量的重金属酸、碱等电解质溶液，随意放置会对土地、水源造成极大污染，这是一般人眼中的“常识”，但是人们不知道的是，我国早在2003年就颁布了针对一次性电池生产厂家的标准政策，现在市面上大多数的一次性电池基本达到了低汞或无汞的标准，可以被放进生活垃圾箱，不会对水体或土壤造成大的危害。但是，现在很多公共场所仍然还在回收这些本不需要回收的一次性废电池，导致公共资源的浪费。

“在我们走访过程中，发现很多社区、公共场所仍在回收废旧的一次电池，这说明市民大多对于国家的政策不是很了解，废旧电池的回收仍存在很大的误区，”实践团队的负责人阚诺文告诉记者“我们的工作也从最初单纯的回收废旧电池变成了我国目前废旧电池回收的现状调研。”

(2) 电池分类有讲究，填埋焚烧污染大。

生活中常见的电池有锂电池、碱性电池、镍铬电池等，虽然很多一次性废电池不需要回收，但是像锂离子电池、铅酸蓄电池等可充电电池以及纽扣电池等仍需重点收集，集中处理。

为进一步了解废旧电池回收后的处理方式，来自南京航空航天大学的这支实践团队向南京江宁区环保局咨询了相关情况。环保局的一位工作人员说：“我国目前缺乏有效的回收技术条件，对于废旧电池的处理大都采用填埋焚烧的办法，但焚烧处理含镉、含汞、含铅的废电池可能造成严重的空气污染，而且焚烧后的金属富集程度很高的灰渣也可能成为重金属污染。”

据了解，目前社会上的废旧电池回收机构大都是由政府或公益组织负责的，普通市民对于废旧电池回收活动的认识度、参与度虽与过去相比有了很大提高，但是相较欧美发达国家还有一定差距。阚诺文和他的小伙伴们先后走进翠屏清华园、拖乐嘉等位于江宁区及雨花台区的众多社区，以传单、海报、口头传授等形式向那里的居民普及废旧电池回收小知识。“废旧电池回收归根结底还得先从提高市民回收意识做起，仍旧有很长的路要走”阚诺文表示。

实验五　制作水果电池

美国缅因州班格尔市艺术家卡莱布·查兰（Caleb Charland）曾受土豆电池的启发，将镀锌钉、灯泡、铜线以及数个水果相连，打造出自供电的水果灯，还拍摄出极具美感的奇幻艺术照。这些水果灯晶莹剔透、魅力非凡，显示出可持续能源的巨大发展前景。

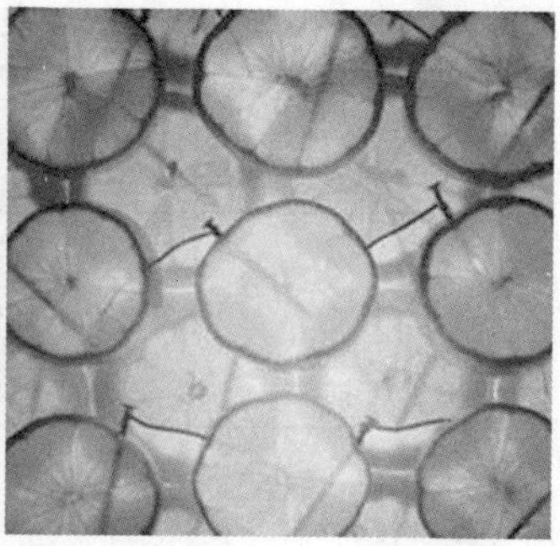

人民教育出版社出版的《高中化学（选修4）——化学反应原理》第四章以“铜锌原电池”为例介绍了原电池原理，并安排了“利用水果如苹果、柠檬或番茄等制作原电池”的实践活动。“水果电池”取材方便，贴近生活，容易吸引学生的注意力，激发学生的学习兴趣和创造力。本实验利用电压传感器测定了不同水果电池的电压，从而感受水果中化学能转换为电能的过程。

原理微析

在水果原电池中，水果中的液体相当于电解质，水果自身就是一个盛放电解质溶液的容器。当不同的金属电极插入水果中，金属片与水果中的电解质发生氧化还原反应。这个氧化还原反应使得每个电极具有不同的电势，因此产生了电压。

实验微探

我需要

药品：铜片、锌片、柠檬汁、西瓜汁、西红柿汁。

仪器：烧杯、电压传感器、数据采集器。

我要做

选用铜片和锌片作为两电极，红色探头连铜片，黑色探头连锌片，将电极插入事先准备好的柠檬汁、西瓜汁、西红柿汁中，采集不同水果构成的原电池的电压数据。

会怎样

三种水果电池实验数据记录如表 3-2 所示。

表 3-2　三种水果电池实验数据记录

水果类型	电压/V			
	1	2	3	平均值
柠　檬	1.005	1.010	1.005	1.007
西　瓜	0.985	0.980	0.985	0.981
西红柿	0.951	0.946	0.956	0.951

结果微评

由表 3-2 实验数据可知，$E_{柠檬} > E_{西瓜} > E_{西红柿} > 0$，说明实验制备的水果电池都可以发电，但是不同水果组成的水果电池产生的电压不同，这主要是因为不同水果的电解质不同，与金属电极反应后所形成的电势差不同。

精题微考

有甲、乙两位同学，他们一起做了水果电池的实验，实验数据如下表所示。对于甲同学提出的问题，乙同学解释不正确的是（　　）。

实验次数	电极材料		水果品种	电极间距/cm	电压/mV
1	锌	铜	菠萝	3	900
2	锌	铜	苹果	3	650
3	锌	铜	橘子	3	850
4	锌	铜	西红柿	3	750
5	锌	铝	菠萝	3	650
6	锌	铝	苹果	3	450

项　目	甲　同　学	乙　同　学
a	实验6中的负极电极反应式如何写？	铝为负极：$Al-3e^{-}=Al^{3+}$
b	实验1和实验5电流方向为什么相反？	实验1中锌为负极，电流由铜经导线到锌，实验5中铝为负极，铝失去电子，电流由锌经导线流向铝
c	水果电池的电压与哪些因素有关？	只跟水果的类型有关
d	实验中发光二极管不太亮，如何使它更明亮起来？	可用铜锌作电极，用菠萝作介质并将多个此电池串联起来

百科微赏

美国大学试验用蘑菇制造更耐用手机电池

无论是智能手机还是电动汽车，都需要锂离子电池提供电力支持，但是锂离子电池中的阳极制造成本相当高昂，而且还会产生对环境有害的废弃物。此外，随着时间推移，阳极也会逐渐减弱。

据国外媒体报道，美国加州大学河滨分校的研究人员已经利用褐菇制造成功新的智能手机电池，比传统手机电池更耐用。利用褐菇制造锂离子电池阳极不仅价格便宜，而且比传统材料更加耐用。发现褐菇制作电池阳极的巨大潜力后，加州大学河滨分校的研究人员剥下蘑菇帽上的外皮，然后将其加热到500℃，令其成为类似碳纳米带的材料。

将这种材料进一步加热到1100℃后，它就会变成多孔碳纳米带。纳米带的多孔特性非常有用，因为这些孔可为能量存储和转换提供空间。存储和转换空间越大，电池就越耐用。

研究人员布伦南·坎贝尔（Brennan Campbell）说：“有了这样的电池材料，并在激活了孔碳架构潜在活性之后，未来手机电池的续航时间将大幅提升，而且更耐使用。”

实验六　探究影响铁电化学腐蚀速率的因素

电化学腐蚀即不纯的金属与电解质溶液接触时，会发生原电池反应，比较活泼的金属失去电子而被氧化。在日常生活中我们经常可以看到，一些美观的金属器皿使用一段时间后会失去表面的光泽，如铁器会生锈，铜器会长出铜绿，这些都与金属的电化学腐蚀密切相关。金属腐蚀造成的直接损失远远超过水灾、火灾、风灾、地震等自然灾害造成损失的总和，所以，了解金属腐蚀的主要因素是避免金属腐蚀的有效办法。然而在教学中，为了在有限的教学时间内感受铁电化学腐蚀的过程，以及不同因素对铁电化学腐蚀的影响，可利用手持技术，探究影响电化学腐蚀的主要因素，并寻找出最优条件组合于课堂教学。

词源微说

金属腐蚀

金属腐蚀的本质是金属原子失去电子被氧化的过程，金属腐蚀一般可分为化学腐蚀与电化学腐蚀。电化学腐蚀是金属的腐蚀中最普遍、也是最重要的一种类型。钢铁在潮湿的空气中所发生的腐蚀是电化学腐蚀的最突出例子。

原理微析

在潮湿的空气中，钢铁表面会吸附一层薄薄的水膜。如果这层水膜呈较强酸性时，H^+得电子析出氢气，这种电化学腐蚀称为析氢腐蚀；如果这层水膜呈弱酸性或中性时，能溶解较多氧气，此时 O_2 得电子而析出 OH^-，这种电化学腐蚀称为吸氧腐蚀，是造成钢铁腐蚀的主要原因。因为腐蚀过程中有气体的产生和消耗，会导致封闭体系压强发生变化，运用正交实验法并结合压强传感器，可探究影响铁电化学腐蚀的主要因素，并寻找在相同时间内腐蚀最快的最佳组合应用于课堂教学。

正交试验设计是安排多因素多水平试验，寻求最优水平组合的一种高效率试验设计方法。运用正交法，对影响铁电化学腐蚀的三个因素取三个水平进行正交试验设计（如表 3-3 所示），三因素三水平做全面试验需要 $3^3=27$ 次，现用 $L_9(3^4)$来安排因子并设计试验方案（如表 3-4 所示）。

表 3-3　因素水平表

因素 / 水平	A 铁粉质量/g	B 炭粉质量/g	C 硫酸钠浓度/mol · L^{-1}
1	1.5	0.5	0.1
2	2.0	1.0	0.2
3	2.5	2.0	饱和

表 3-4　实验安排

试验号	因子安排				实验条件		
	A	B	C	水平组合	铁粉质量/g	炭粉质量/g	硫酸钠浓度/mol · L^{-1}
1	1	1	1	$A_1B_1C_1$	1.5	0.5	0.1
2	1	2	2	$A_1B_2C_2$	1.5	1.0	0.2
3	1	3	3	$A_1B_3C_3$	1.5	2.0	饱和
4	2	1	2	$A_2B_1C_2$	2.0	0.5	0.2
5	2	2	3	$A_2B_2C_3$	2.0	1.0	饱和
6	2	3	1	$A_2B_3C_1$	2.0	2.0	0.1
7	3	1	3	$A_3B_1C_3$	2.5	0.5	饱和
8	3	2	1	$A_3B_2C_1$	2.5	1.0	0.1
9	3	3	2	$A_3B_3C_2$	2.5	2.0	0.2

实验微探

我需要

药品：铁粉、炭粉、蒸馏水、0.1mol/L 硫酸钠溶液、0.2mol/L 硫酸钠溶液、饱和硫酸钠溶液。

仪器：压强传感器、容量瓶、烧杯、玻璃棒、电子天平、磨口锥形瓶、数据采集器、计算机。

我要做

（1）准备实验药品。配制 0.1mol/L、0.2mol/L 及饱和硫酸钠溶液。根据表 3-4 中的实验安排，称取不同质量的铁粉和炭粉。

（2）采集数据。如图 3-1 所示，连接实验装置。根据表 3-4 中的实验安排，将称取好的铁粉和炭粉混合物以及配好的硫酸钠溶液依次放入 150mL 的磨口锥形瓶中，点击采集，180s 后停止采集，将实验数据复制到 Origin 软件中进行作图。

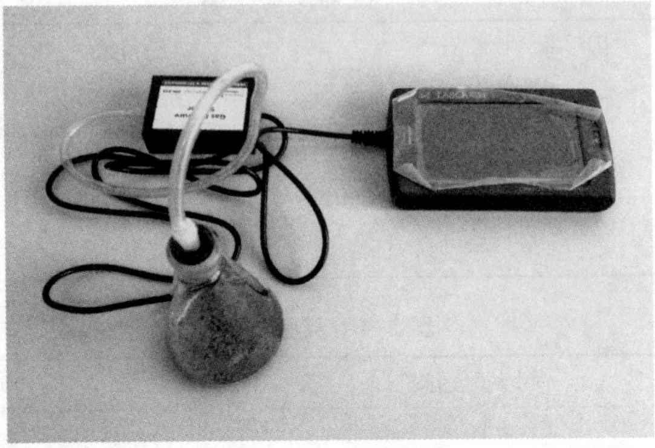

图 3-1 实验装置

会怎样

利用压强传感器测量九组实验过程中压强的变化，如图 3-2 所示。处理数据，可得表 3-5、表 3-6。

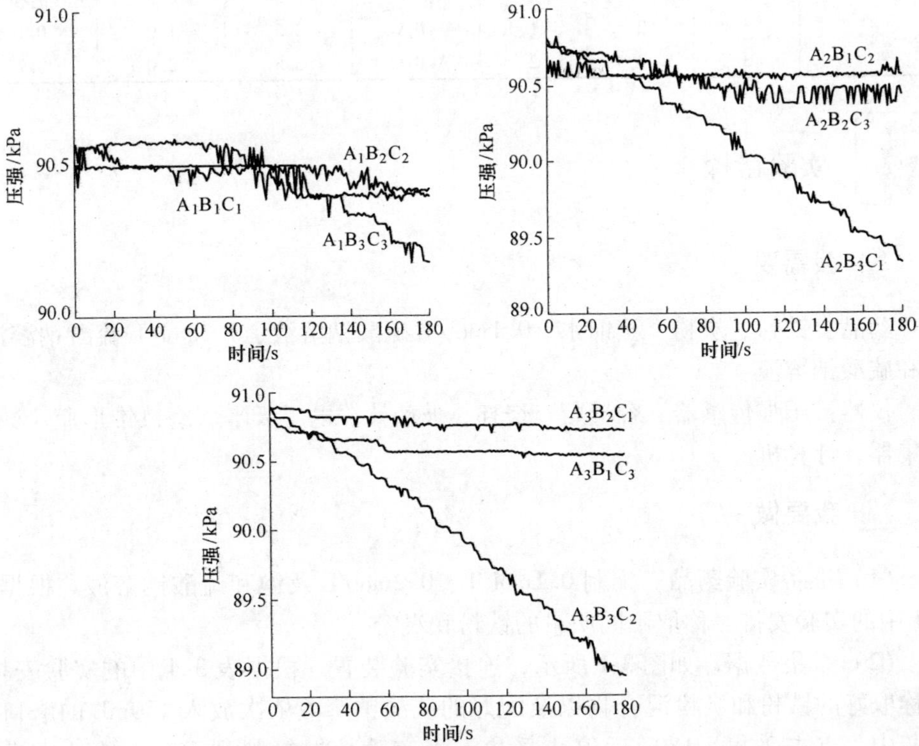

图 3-2 正交实验图像

表 3-5　实验数据

实验号	水平组合	实验条件			压强差 ΔP/Pa
		铁粉质量/g	炭粉质量/g	硫酸钠浓度/$mol \cdot L^{-1}$	
1	$A_1B_1C_1$	1.5	0.5	0.1	0.06
2	$A_1B_2C_2$	1.5	1.0	0.2	0.10
3	$A_1B_3C_3$	1.5	2.0	饱和	0.35
4	$A_2B_1C_2$	2.0	0.5	0.2	0.09
5	$A_2B_2C_3$	2.0	1.0	饱和	0.37
6	$A_2B_3C_1$	2.0	2.0	0.1	1.44
7	$A_3B_1C_3$	2.5	0.5	饱和	0.27
8	$A_3B_2C_1$	2.5	1.0	0.1	0.19
9	$A_3B_3C_2$	2.5	2.0	0.2	1.94

表 3-6　实验数据处理结果

项　目	A	B	C
K_1	0.51	0.42	1.69
K_2	1.90	0.66	2.13
K_3	2.40	3.73	0.99
$k_1 = K_1/3$	0.17	0.14	0.56
$k_2 = K_2/3$	0.63	0.22	0.71
$k_3 = K_3/3$	0.80	1.24	0.33
$R = k_{max} - k_{min}$	0.63	1.1	0.38
R	0.63	1.02	0.38

结果微评

在正交试验中，极差 R 可以判断各因素对试验指标的影响主次，R 值越大，影响越大，反之越小。比较压强差正交试验计算结果可知，三个因素中，炭粉的质量是主要影响因素，其次是铁粉的质量，硫酸钠的浓度影响最小。对于各因素在水平上的变动对试验结果的影响，我们可以根据各因素的 k 值来比较。通过表 3-6 发现：对于 A 因素，$k_1 < k_2 < k_3$，即铁粉的质量越多，腐蚀速率越快；对于 B 因素，也是 $k_1 < k_2 < k_3$，即炭粉的质量越多，腐蚀越快；而 C 因素，$k_1 < k_3 < k_2$，由此可知，并非硫酸钠溶液浓度越大，腐蚀速率越快。根据上述理论分析，组合 $A_3B_3C_2$ 是腐蚀速率最快的一组。

根据表 3-5 的实验结果可知，上述理论分析与实验结果相吻合：组合 $A_3B_3C_2$ 确实是所进行的 9 组实验中压强变化最大的，即腐蚀速率是最快的。

在实际教学中，考虑到教学时间有限，为了学生在短时间内观察到铁腐蚀的现象，可选取组合 $A_3B_3C_2$，即 2.5g 铁粉、2.0g 炭粉、0.2mol/L 硫酸钠溶液进行实验教学。

精题微考

某课外活动小组用如下图所示装置进行实验，试回答下列问题。

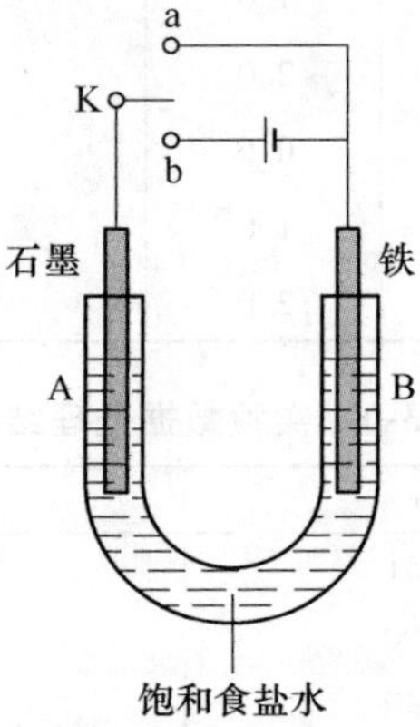

（1）若开始时开关 K 与 a 连接，则 B 极的电极反应式为________________。

（2）若开始时开关 K 与 b 连接，则 B 极的电极反应式为________________，总反应的离子方程式为____________________。有关上述实验，下列说法正确的是（填序号）____________。

a. 溶液中 Na^+ 向 A 极移动

b. 从 A 极处逸出的气体能使湿润的淀粉-KI 试纸变蓝

c. 反应一段时间后加适量盐酸可恢复到电解前电解质的浓度

d. 若标准状况下 B 极产生 2.24L 气体，则溶液中转移 0.2mol 电子

（3）该小组同学认为，如果模拟工业上离子交换膜法制烧碱的方法，那么可以设想用如下图所示装置电解硫酸钾溶液来制取氢气、氧气、硫酸和氢氧化钾。

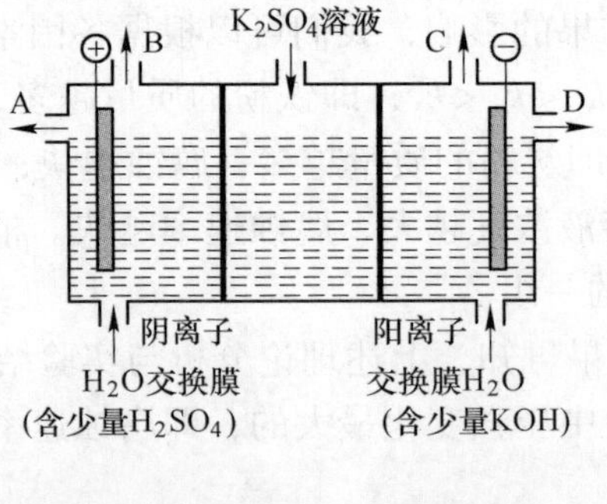

1）该电解槽的阳极反应式为________________。此时通过阴离子交换膜的离子数__________（填“大于”“小于”或“等于”）通过阳离子交换膜的离子数。

2）制得的氢氧化钾溶液从出口（填 A、B、C 或 D）__________导出。

3）通电开始后，阴极附近溶液 pH 值会增大，请简述原因__________。

4）若将制得的氢气、氧气和氢氧化钾溶液组合为氢氧燃料电池，则电池正极的电极反应式为________________。

百科微赏

怎样防止金属腐蚀

除金、铂等少数贵金属之外，绝大多数金属在空气和水中都会受到腐蚀。防止金属腐蚀的一个简单原理，就是把金属和腐蚀性的环境相隔离。极端的例子是将金属置于真空中，这样，即使是非常活泼的金属钠，也可保持其金属光泽。通常采用的办法有：将金属置于一个能够加强其氧化膜的环境中，如适当的碱性电解质（硅酸盐、磷酸盐、铬酸盐等），或者在金属表面上创造一个这样的隔离层。这种隔离层可以是金属本身在表面上形成的，如氧化、钝化、磷化等处理，也可以是其他物质形成的隔离层，如油漆、金属镀层等。另外一类是电化学的防腐方法，即所谓阴极保护、阳极保护等。由于防腐工程是一项专门的工程技术，涉及范围很广，我们仅将防腐方法简单归纳如下。

(1) 非金属保护层。

将耐腐蚀的非金属物质，如油漆、喷漆、搪瓷、陶瓷、玻璃、沥青、高分子材料（如塑料、橡胶、聚酯）等，涂在要保护的金属表面上，使金属与腐蚀介质隔离。

(2) 金属保护层。

用耐腐蚀性较强的金属或合金，覆盖被保护的金属表面，覆盖的方法有电镀、热喷镀、真空镀等。按防腐蚀的电化学性质来说，保护层可分为阳极保护层和阴极保护层。阳极保护层金属的标准电极电位比基体金属低，例如镀锌铁板，锌为阳极，铁为阴极。阴极保护层金属的标准电极电位比基体金属为高，例如镀锡铁板，锡为阴极，铁为阳极。就保护层将金属和环境隔离的作用而言，两种保护层无原则区别。但当保护层受到损坏变得不完整时，情况就不同了。如前所述，阴极保护层将使基体金属成为阳极，造成孔蚀。阳极保护层，如镀锌铁板，此时锌为阳极，基体金属铁是阴极，受到腐蚀的是镀层锌，而非铁。直到镀层受到相当大的破坏，不能对基体金属起到保护作用时，基体金属才开始腐蚀。

(3) 电化学保护。

1) 牺牲阳极保护。将标准电极电位较低的金属和需要保护的金属连接起来，构成电池。这时，需要保护的金属因电极电位较高成为阴极，不受腐蚀，得到保护。另一个电极电位较低的金属是阳极，被腐蚀。例如，海上航行的船舶，在船底四周镶嵌锌块。这时，船体是阴极，受到保护，锌块是阳极，代替船体被腐蚀。这种保护法是保护了阴极，牺牲了阳极，故称牺牲阳极保护法。

2) 阴极保护。这是利用外加电源来保护金属。把需要保护的金属接在负极上，成为阴极而免除腐蚀。另外取一些铁块接到正极上，使之成为阳极，让其腐蚀，实际上也是牺牲阳极。和上面的方法所不同的是，这里由外电源提供电流，而不是由电池本身提供电流。化工厂的一些酸性溶液贮槽或管道，以及地下水管、输油管等，常用这种方法防腐。

3) 阳极保护。这也是利用外加直流电源来保护金属。但把需要保护的金属接在正极上，成为阳极。按理这应该加速金属腐蚀，但对一些能形成保护性氧化膜的金属，并非一定加速金属腐蚀。相反，在适当正的电位范围内，由于阳极上氧化作用加剧，在金属表面上形成一个完整的氧化膜层，使金属得到保护，腐蚀电流明显下降。这种现象叫做金属的电化学钝化。阳极保护就是将能够钝化的金属，在外加阳极电流的作用下，使其钝化而得到保护。

(4) 加缓蚀剂保护。

缓蚀剂是一种化学物质，将它少量地加入到腐蚀介质中，就可显著地减小金属腐蚀的速率。由于缓蚀剂用量少，简便而且经济，故是一种常用的防腐手段。缓蚀剂通常分为三类。

1) 钝化剂。一般是无机类的强氧化剂。例如，铬酸盐、硝酸盐、钼酸盐等。它们的作用就是使腐蚀介质具有更强的氧化性，使金属表面保持完整的氧化膜。其作用和电化学的阳极保护异曲同工。

2) 有机缓蚀剂。有机缓蚀剂其中包括酸洗缓蚀剂和抗蚀油脂。钢铁的酸洗是许多加工过程必不可少的预处理工序，目的是除去钢铁表面的氧化物，但这个过程必然也会使金属本身受到腐蚀。为了减少金属的腐蚀，在酸洗时必须加入缓蚀剂。这种缓蚀剂通常有：邻位和对位的甲苯硫脲、丙硫醚、二戊基胺、甲醛、对位硫甲酚等。其作用机理是：缓蚀剂被普遍地吸附于钢铁的表面，使得钢铁酸洗时引起腐蚀的电极反应受到阻化。有的缓蚀剂可以提高氢的超电压，使氢离子还原的阴极反应受阻；有的缓蚀剂可使铁氧化为二价铁离子的反应受阻，使阳极极化。但一般认为，缓蚀剂可以同时减慢阴极和阳极的反应，使钢铁的腐蚀速率明显降低。

抗蚀油脂用于金属材料和制件在运输和贮藏期间的暂时防腐，它主要由油、脂或蜡等加入少量有机添加剂组成。这种有机添加剂一般是极性化合物，可吸附于金属表面。其作用机理相似于酸洗缓蚀剂，所不同的是，要求抗蚀油脂中的添加剂在近中性的条件下发生作用，而酸洗缓蚀剂要求在酸性条件下发生作用。作为抗蚀油脂中的添加剂的有机物质通常为：有机胺类、环烷酸锌、各种石油产品氧化的产物、磺化油的碱金属和碱土金属的盐等。

3）气相缓蚀剂。气相缓蚀剂是一种能挥发，但蒸气压较低且其蒸气具有防腐作用的物质。它主要用于重要机器零件（如轴承等）在贮藏和运输过程中的防腐。其防腐机理并不十分清楚，主要还是和气相缓蚀剂在金属表面的吸附有关。最有效也是使用最广的一种气相缓蚀剂是亚硝酸二环己烷基胺，这是一种无毒无气味的白色结晶，挥发较慢，在较好的封闭包装空间中，室温下对钢铁制件可以有一年的有效防腐期。它的缺点是，会加速一些有色金属如锌、锰、镉等的腐蚀，所以在使用时应特别注意制件中有无有色金属。

第四章　溶液中的离子行为

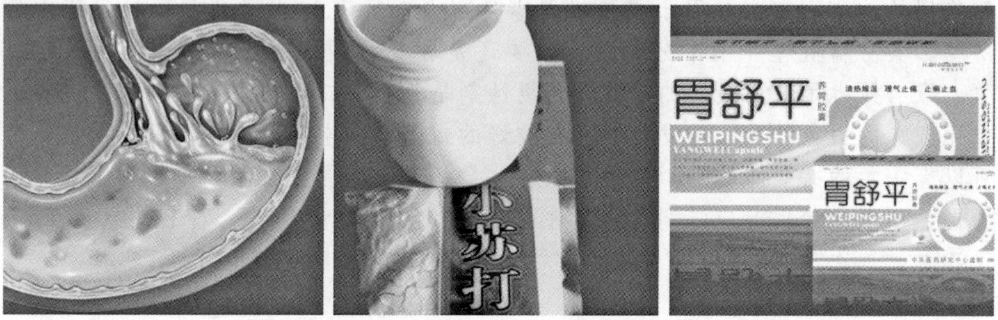

胃是人体消化系统中的重要器官，胃黏膜分泌出胃液，其中不但含有消化食物所必需的胃蛋白酶，还含有胃酸。胃酸可以杀死食物里的细菌，确保胃和肠道的安全，同时增加胃蛋白酶的活性，帮助消化。但人体中的胃酸量不能过多或过少，过多胃酸会出现“烧心”等症状，严重会引发胃溃疡等病。过少的胃酸会使消化作用减退，从而导致营养不良。

当胃酸过多时能否吃一些氢氧化钠中和呢？不能！氢氧化钠具有强烈的腐蚀性，服用会严重损伤消化道，造成恶果。医生通常用小苏打、胃舒平进行治疗。小苏打是碳酸氢钠，胃舒平的成分是氢氧化铝，它们都能中和过多的胃酸。

氢氧化铝也是碱，它和氢氧化钠的区别在哪里？碳酸氢钠是盐，它为什么能够中和胃酸？在肠胃中，它们发生了什么反应？带着这些问题，我们进入“溶液中的离子行为”这一主题的学习。

实验七　强弱电解质的判断

电解质是指在水溶液里或熔融状态下能够导电的化合物。根据电离程度，电解质又分为强电解质和弱电解质。强弱电解质是中学化学教学中的重要基本概念，强弱电解质的比较实验，既是人民教育出版社出版的教材上实验的主要内容，也是后续课程中关于物质性质的实验设计的一个典型实例。在教学过程中，由于对电离程度缺乏比较直观的实验验证，对学生学习强弱电解质概念造成了较大的阻碍。为了能帮助学生进一步理解强弱电解质的概念及相关知识，可结合手持技术实验对强弱电解质进行比较。

原理微析

盐酸是强电解质，在水溶液中完全电离：$HCl = H^+ + Cl^-$。

醋酸是弱电解质，在水中不完全电离：$HAc \rightleftharpoons H^+ + Ac^-$。

要证明醋酸是弱电解质，只需证明它只是部分电离或其溶液中存在电离平衡。

本次实验共4组实验，从4个方面来比较相同浓度（浓度均为0.01mol/L）的盐酸和醋酸、相同pH值（pH=2）的盐酸和醋酸。

（1）利用pH传感器，测定醋酸和盐酸分别加入醋酸钠固体、氯化钠固体后溶液的pH值变化；

（2）利用pH传感器，测定加水稀释10倍后溶液pH值变化；

（3）利用压强传感器，测定体积相同的醋酸和盐酸与过量活泼金属反应的起始速率，及产生H_2的量；

（4）结合使用pH传感器与滴数传感器，测定体积相同的醋酸和盐酸与碱中和碱的量。

每组实验的对象是相同浓度（浓度均为0.01mol/L）的盐酸和醋酸、相同pH值（pH=2）的盐酸和醋酸，但由于浓度为0.01mol/L的盐酸pH值=2，因此，每组实验只需对盐酸采集一次数据。

实验微探

我需要

药品：0.01mol/L（pH=2）HCl溶液、0.01mol/L HAc溶液、pH=2的HAc

溶液、0.1mol/L NaOH 溶液、锌粒、氯化钠固体、醋酸钠固体、蒸馏水。

仪器：滴数传感器、pH 传感器、压强传感器、电导率传感器、数据采集器、磁力搅拌器、烧杯、磨口锥形瓶、恒压滴定漏斗、移液管。

我要做

(1) 分别加入醋酸钠固体、氯化钠固体后溶液 pH 值变化。

用移液管依次量取 0.01mol/L HCl 溶液、0.01mol/L HAc、pH = 2 的 HAc 溶液 5.00mL，分别放入 3 只烧杯中；将 pH 传感器插入烧杯（如图 4-1 所示），待数据稳定后，点击采集数据；向装有盐酸溶液的烧杯中加入 0.5g 的氯化钠固体，向装有醋酸溶液的烧杯中加入 0.5g 的醋酸钠固体。

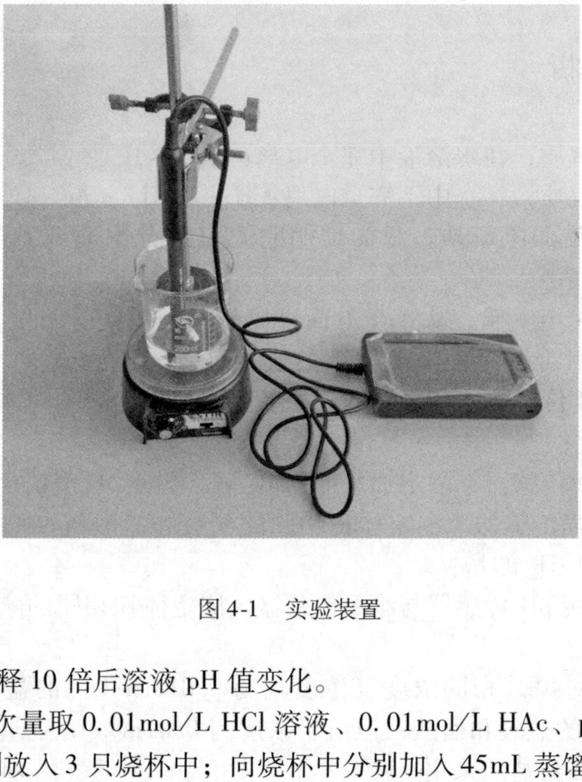

图 4-1 实验装置

(2) 加水稀释 10 倍后溶液 pH 值变化。

用移液管依次量取 0.01mol/L HCl 溶液、0.01mol/L HAc、pH = 2 的 HAc 溶液 5.00mL，分别放入 3 只烧杯中；向烧杯中分别加入 45mL 蒸馏水进行稀释，用 pH 传感器测量稀释前后的 pH 值变化。

(3) 与过量活泼金属反应的起始速率，以及产生 H_2 的量。

取 3 支恒压滴定漏斗，并分别加入 25mL 的 0.01mol/L HCl 溶液、0.01mol/L HAc、pH = 2 的 0.01mol/L HAc；向三支磨口锥形瓶中分别加入 2.0g 锌粒；如图 4-2 所示连接实验装置，将压强传感器与恒压滴定漏斗相连，启动数据采集器，待传感器测得的数据相对稳定后，开始往锥形瓶中滴加酸 5mL，注意控制滴加的速度（每秒2～3滴），观察实验现象及显示的数据曲线变化。

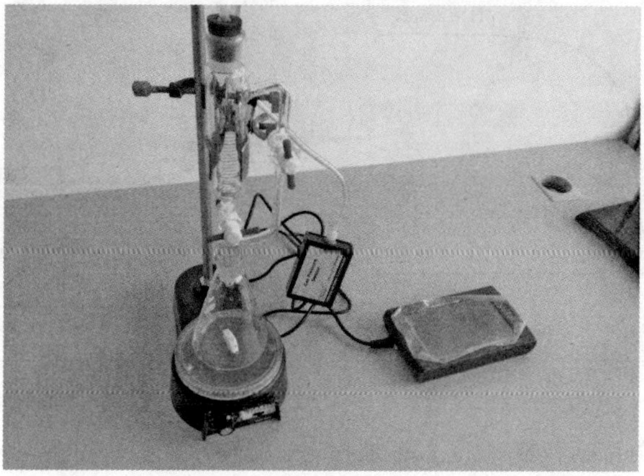

图4-2　实验装置

（4）体积相同时与碱反应，中和碱的量。

用移液管依次量取0.01mol/L HCl溶液、0.01mol/L HAc、pH＝2的HAc溶液5mL，分别放入3只烧杯中，向滴定管中加入0.1mol/L的氢氧化钠溶液；将pH传感器插入烧杯中并连接滴数传感器，如图4-3所示；启动数据采集器，待传感器测得的数据相对稳定后，开始向烧杯酸溶液中滴加氢氧化钠溶液，并用滴数传感器记录滴定的氢氧化钠溶液体积，观察实验现象及显示的数据曲线变化。

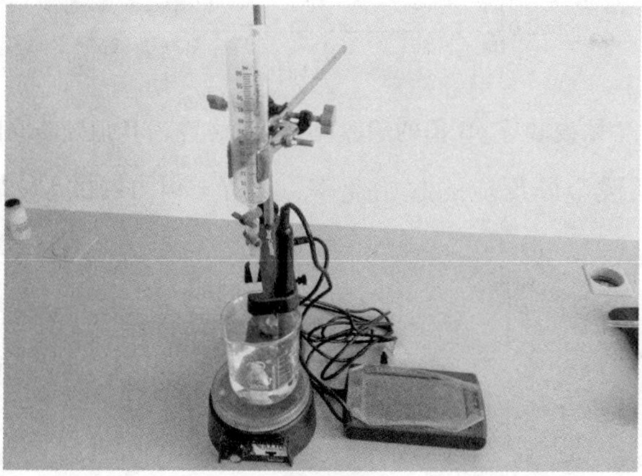

图4-3　实验装置

会怎样

（1）分别加入醋酸钠固体、氯化钠固体pH值变化如图4-4所示。

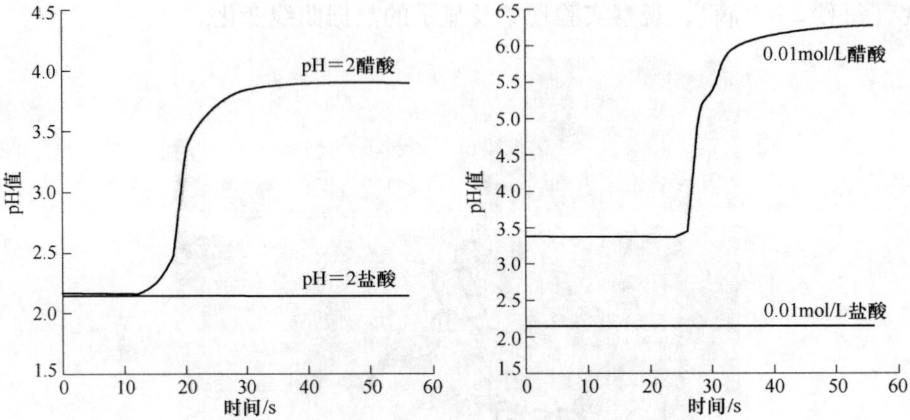

图 4-4 等浓度和等 pH 值的酸加相应酸的盐后溶液 pH 值随时间的变化

（2）加水稀释 10 倍后溶液 pH 值变化如图 4-5 所示。

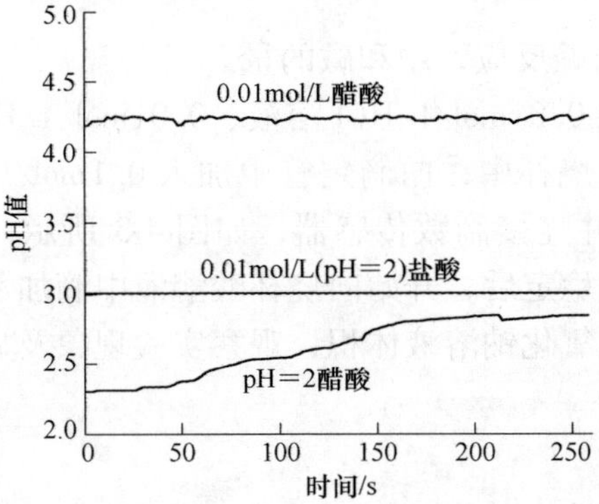

图 4-5 等浓度和等 pH 值的酸稀释 10 倍后溶液 pH 值随时间的变化

（3）与过量活泼金属反应的起始速率，以及产生 H_2 的量如图 4-6 所示。

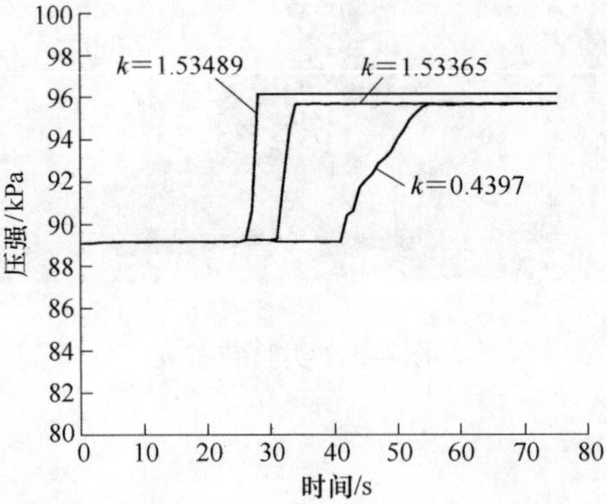

图 4-6 等浓度和等 pH 值的酸与过量金属锌后体系压强随时间的变化

（4）体积相同时与碱反应，中和碱的量如图 4-7 所示。

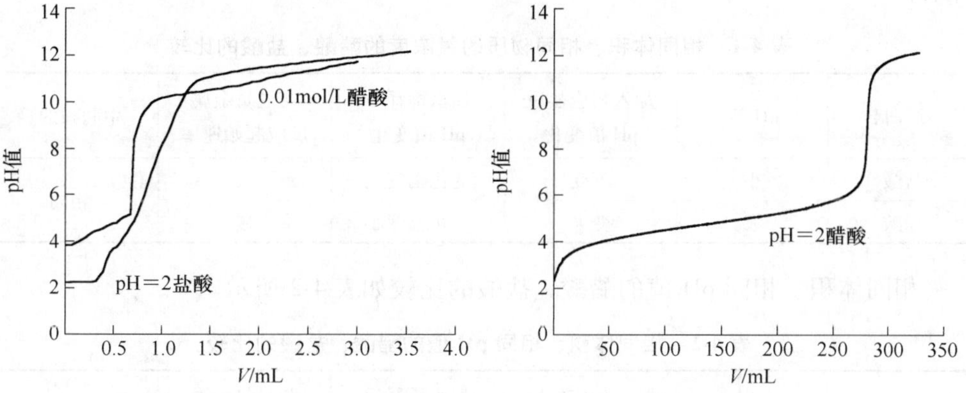

图 4-7　等浓度和等 pH 值的酸与过量碱反应溶液消耗碱的量

结果微评

（1）分别加入醋酸钠固体、氯化钠固体 pH 值变化。

由图 4-4 可知，往等浓度和等 pH 值的盐酸里面加 NaCl 固体，不影响溶液的 pH 值，pH 值基本不变，但是往等浓度和等 pH 值的醋酸溶液里面加 NaAc 固体后，溶液的 pH 值都增大。

（2）加水稀释 10 倍后溶液 pH 值变化。

由图 4-5 中曲线的变化趋势及数值可以知道，加水稀释 10 倍后，0.01mol/L HAc 溶液 $pH>3$，0.01mol/L HCl 溶液 $pH=3$，$pH=2$ 的 HAc 溶液 $2<pH<3$。

（3）与过量活泼金属反应的起始速率，以及产生 H_2 的量。

由图 4-6 中曲线图像斜率可以知道，$pH=2$ 的 HAc 溶液与过量金属锌开始反应的速率与 0.01mol/L（$pH=2$）HCl 溶液速率几乎一样，反应速率最小的是 0.01mol/L HAc 溶液。

在相同条件下，压强变化越大说明产生的 H_2 量越多，由图 4-6 的压强-时间曲线可以知道，等量的 $pH=2$ 的 HAc 溶液与过量金属锌反应产生的 H_2 量最多，反应速率也最快，而 0.01mol/L（$pH=2$）HCl 溶液和 0.01mol/L HAc 溶液与金属锌反应产生 H_2 量一样多。

（4）与碱中和碱的量。

由图 4-7 可以知道，等量的 $pH=2$ 的 HAc 溶液与过量 0.1mol/LNaOH 溶液反应至溶液接近中性消耗碱的量比 0.01mol/L（$pH=2$）HCl 溶液和 0.01mol/L HAc 溶液多很多，大约 430 倍。

综上所述，相同体积、相同物质的量浓度的醋酸、盐酸的比较如表 4-1 所示。

表 4-1　相同体积、相同物质的量浓度的醋酸、盐酸的比较

项　目	pH 值	加入相应盐后 pH 值变化	加水稀释后 pH 值变化	与过量金属反应起始速率	中和碱的量
盐酸	小	不变	变化幅度大	快	相同
醋酸	大	变大	变化幅度小	慢	

相同体积、相同 pH 值的醋酸、盐酸的比较如表 4-2 所示。

表 4-2　相同体积、相同 pH 值的醋酸、盐酸的比较

项　目	pH 值	加入相应盐后 pH 值变化	加水稀释后 pH 值变化	与过量金属反应起始速率	中和碱的量
盐酸	相同	不变	变化幅度大	相同	少
醋酸		变大	变化幅度小		多

精题微考

用实验确定某酸 HA 是弱电解质。两同学的方案是：

甲：①称取一定质量的 HA 配制 0.1mol/L 的溶液 100mL；

②用 pH 试纸测出该溶液的 pH 值，即可证明 HA 是弱电解质。

乙：①用已知物质的量浓度的 HA 溶液、盐酸，分别配制 pH = 1 的两种酸溶液各 100mL；

②分别取这两种溶液各 10mL，加水稀释为 100mL；

③各取相同体积的两种稀释液装入两个试管，同时加入纯度相同的锌粒，观察现象，即可证明 HA 是弱电解质。

（1）在两个方案的第①步中，都要用到的定量仪器是__________。

（2）甲方案中，说明 HA 是弱电解质的理由是测得溶液的 pH __________ 1（选填“>”“<”或“=”）。

乙方案中，说明 HA 是弱电解质的现象是__________。

a. 装 HCl 溶液的试管中放出 H_2 的速率快

b. 装 HA 溶液的试管中放出 H_2 的速率快

c. 两个试管中产生气体的速率一样快

（3）请你评价：乙方案中难以实现之处和不妥之处：________、________、________、________。

百科微赏

强弱电解质判断方法总结如表4-3所示。

表4-3　强弱电解质判断方法总结

项　目	浓度均为0.01mol/L的强酸HA与弱酸HB	pH值均为2的强酸HA与弱酸HB
pH值或物质的量浓度	$2 = pH_{HA} < pH_{HB}$	浓度:0.01mol/L = $c(HA) < c(HB)$
开始与金属反应的速率	HA > HB	HA = HB
体积相同时与过量的碱反应时消耗碱的量	HA = HB	HA < HB
体积相同时与过量活泼金属反应产生 H_2 的量	HA = HB	HA < HB
$c(A^-)$ 与 $c(B^-)$ 大小	$c(A^-) > c(B^-)$	$c(A^-) = c(B^-)$
分别加入固体NaA、NaB后pH值变化	HA:不变,HB:变大	HA:不变,HB:变大
加水稀释10倍后	$3 = pH_{HA} < pH_{HB}$	$3 = pH_{HA} > pH_{HB} > 2$
溶液的导电性	HA > HB	HA = HB
水的电离程度	HA < HB	HA = HB

实验八 探究离子反应发生的条件

根据化合物的导电性，化合物可分为电解质和非电解质。电解质溶于水后会电离生成离子，在水溶液中反应时，实际上是电离出来的离子参与反应，什么样的离子都能够发生反应？发生离子反应需要满足什么条件？让我们利用手持技术实验共同探究离子反应的发生条件。

词源微说

离子反应

离子反应，是指有离子参加的化学反应。常见离子反应多在水溶液中进行。根据反应原理，离子反应可分为复分解、盐类水解、氧化还原、配合4种类型；也可根据参加反应的微粒，分为离子间、离子与分子间、离子与原子间的反应等。极浓的电解质跟固态物质反应时，应根据反应的本质来确定是否属于离子反应。例如，浓硫酸跟铜反应时，表现的是硫酸分子的氧化性，故不属于离子反应；浓硫酸跟固体亚硫酸钠反应时，实际上是氢离子跟亚硫酸根离子间的作用，属于离子反应。此外，离子化合物在熔融状态也能发生离子反应。

原理微析

水溶液中的离子反应是指电解质溶解在水中，通过它们电离出来的离子的互换或结合而发生复分解反应以及它们的离子之间、离子与分子、离子与原子之间发生的氧化还原反应或离子与离子间、离子与分子间的配合反应、离子间的相互促进水解等。从本质上说，如果反应物的某些离子间能反应生成新物质而使溶液中的这些离子浓度减小，就会发生离子反应。因此，离子反应的本质是反应物的某些离子浓度的减小。

而生成更难溶的物质、生成更难电离的物质、生成挥发性的物质，就可以使反应物的某些离子浓度降低，因此以上三个条件也是离子反应发生的条件。

本实验用电导率传感器验证硫酸铜和氢氧化钠反应的发生，用pH传感器验证稀盐酸和氢氧化钠反应的发生，用压强传感器验证碳酸钠和稀盐酸反应的发生。

实验微探

我需要

药品：0.5mol/L 硫酸铜溶液、0.5mol/L 氢氧化钠溶液、0.5mol/L 碳酸钠、0.5mol/L 稀盐酸。

仪器：电导率传感器、pH 传感器、压强传感器、磁力搅拌器、数据采集器、恒压滴定漏斗、碱式滴定管、酸式滴定管、烧杯、锥形瓶。

我要做

（1）硫酸铜和氢氧化钠反应。

用量筒量取 30.0mL 0.5mol/L 的硫酸铜溶液，倒入 100mL 烧杯，向碱式滴定管中加入 0.5mol/L 的氢氧化钠溶液。将电导率传感器插入溶液中，启动数据采集器，并不断向硫酸铜溶液中滴加氢氧化钠溶液，观察实验现象及电导率曲线变化。

（2）稀盐酸和氢氧化钠反应。

用量筒量取 30.0mL 0.5mol/L 的稀盐酸，倒入 100mL 烧杯，向碱式滴定管中加入 0.5mol/L 的氢氧化钠溶液。将 pH 传感器插入溶液中，启动数据采集器，并不断向稀盐酸溶液中滴加氢氧化钠溶液，观察实验现象及 pH 值曲线变化。

（3）碳酸钠和稀盐酸反应。

在向锥形瓶中加入 10mL 0.5mol/L 的碳酸钠溶液，恒压漏斗中加入 25mL 0.5mol/L 的稀盐酸溶液，如图 4-8 所示连接实验装置，打开恒压漏斗活塞，利用

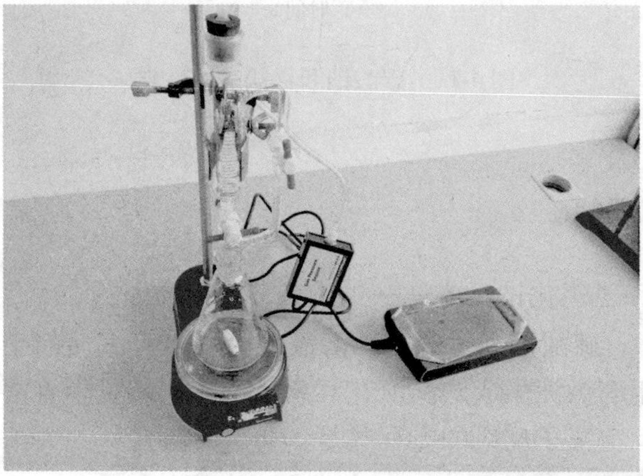

图 4-8　实验装置

气压传感器测量反应过程中的压强。

会怎样

硫酸铜和氢氧化钠反应、氢氧化钠和稀盐酸反应、碳酸钠和稀盐酸反应电导率的变化分别如图 4-9 ~ 图 4-11 所示。

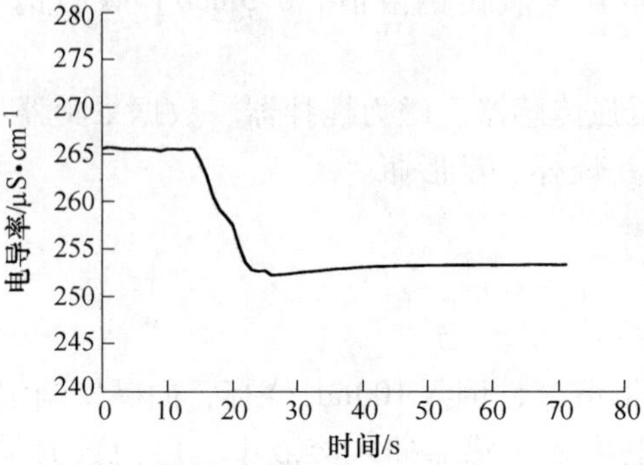

图 4-9　硫酸铜和氢氧化钠的反应

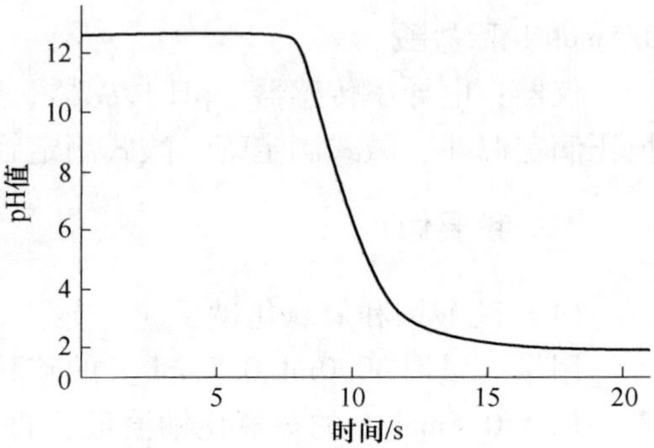

图 4-10　氢氧化钠和稀盐酸的反应

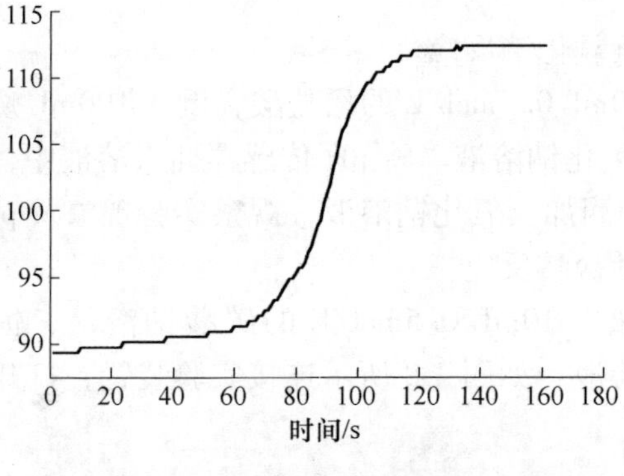

图 4-11　碳酸钠和稀盐酸的反应

结果微评

（1）硫酸铜和氢氧化钠反应——生成难溶电解质。

由图 4-9 可知，硫酸铜和氢氧化钠溶液混合后，有沉淀的生成，溶液电导率降低，所以，对于有沉淀生成的反应，其离子反应实质是朝着溶液电导率降低的方向进行的。该反应离子反应的方程式是：$Cu^{2+} + 2OH^- = Cu(OH)_2\downarrow$。

（2）稀盐酸和氢氧化钠反应——生成更难电离的物质 。

由图 4-10 可知，氢氧化钠溶液滴到盐酸溶液中，混合液的 pH 值升高了，揭示了酸碱中和反应的实质，也就是 $H^+ + OH^- = H_2O$，因为反应有水生成，水是弱电解质，故溶液里的 H^+ 随着 OH^- 的增多逐渐减少。

（3）碳酸钠、碳酸氢钠和稀盐酸反应——生成挥发性的物质。

通过图 4-11 压强传感器测定的反应过程中密闭容器内的压强变化可知，碳酸根离子结合氢离子生成二氧化碳气体和水，溶液中的离子浓度减少，发生了离子反应。

综上所述，离子之间生成难电离的物质、难溶的物质、挥发性的物质使得溶液中的离子浓度减小，因此离子反应的本质是反应物的某些离了浓度的减小。

精题微考

人体胃液中含有胃酸（0.2% ~0.4% 盐酸），起杀菌、帮助消化等作用，胃酸的量不能过多或过少，它必须控制在一定范围内，当胃酸过多时，医生通常用“小苏打片”或“胃舒平”给病人治疗。

（1）用小苏打片（$NaHCO_3$）治疗胃酸过多的离子方程式为__________。

（2）如果病人同时患有胃溃疡，此时最好服用胃舒平［主要成分是 $Al(OH)_3$］，反应的离子方程式为______________________。

（3）有人用土法治疗胃酸过多，方法是将鸡蛋壳洗净、烧焦、磨细服用。据说这种疗法效果还不错。请用学过的知识分析其中的道理：__________。

（4）氢氧化钠也能中和胃酸，为什么不用氢氧化钠来治疗胃酸过多？______________。

百科微赏

离子反应在生活中的应用

事例 1：除去铝壶水垢

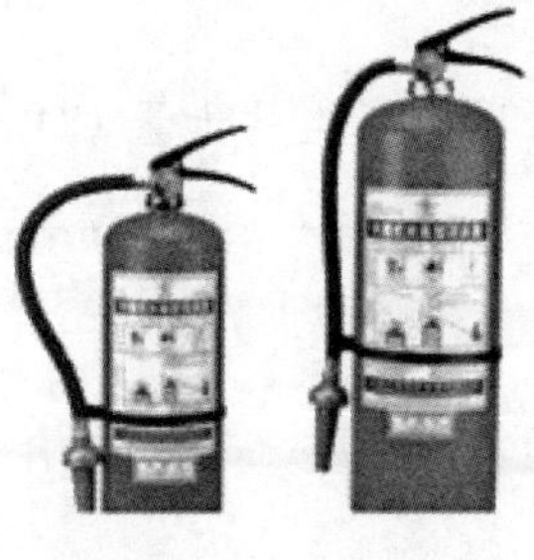

家用烧水的铝壶在使用一段时间后，壶底上会形成一层水垢，影响热量的传递，所以要给水壶定期除垢。实际上水垢的主要成分为碳酸钙、氢氧化镁等难溶物，可用稀醋酸溶解的方法除去水垢。反应的离子方程式分别为：

$$CaCO_3 + 2CH_3COOH = Ca^{2+} + 2CH_3COO^- + CO_2\uparrow + H_2O$$

$$Mg(OH)_2 + 2CH_3COOH = Mg^{2+} + 2CH_3COO^- + 2H_2O$$

上述方法虽然能除去碳酸钙、氢氧化镁等难溶物，但铝也会被溶解一部分。实际上最好的方法是使用浓硝酸，浓硝酸除具有强酸性，可与水垢反应外，还具有强氧化性，不会溶解 Al。

事例 2：治疗胃酸过多

胃液中含有盐酸，胃酸过量的人常有胃疼、烧心的感觉，易吐酸水；通常病人服用适量的小苏打就能缓解这种症状。其主要原因是小苏打（主要成分 $NaHCO_3$）能和盐酸发生离子反应：

$$HCO_3^- + H^+ = CO_2\uparrow + H_2O$$

从而把过量的酸除去。如果病人同时患有胃溃疡，此时就不能用小苏打，要在医生的指导下，服用胃舒平（主要成分是氢氧化铝），其离子方程式为：

$$Al(OH)_3 + 3H^+ = Al^{3+} + 3H_2O$$

事例 3：泡沫灭火器原理

日常生活中，在各种大型的商场、超市等都能看到设有各种用来应急的灭火器。泡沫灭火器是一种常见的灭火器，其外形是一个带有喷嘴、提手和顶盖的圆柱形红色钢瓶，钢瓶内盛有碳酸氢钠溶液和发泡液以及一瓶硫酸铝溶液。一旦发生火灾，迅速将灭火器取下提至失火处，将灭火器倒转过来，喷嘴对准火源，马上便有大量泡沫喷出，进行灭火。其工作原理是：将灭火器倒转过来以后，本来分开盛放的碳酸氢钠溶液和硫酸铝溶液就可以混合在一起，其离子方程式为：

$$3HCO_3^- + Al^{3+} = Al(OH)_3\downarrow + 3CO_2\uparrow$$

反应产生的大量 CO_2 泡沫被喷洒到易燃物上，在其表面形成一层较厚的 CO_2 覆盖层，把可燃物与空气隔绝开，从而起到灭火的作用。

实验九　碳酸钠和碳酸氢钠与稀盐酸的反应本质

碳酸钠和碳酸氢钠是钠的重要化合物，其性质研究是中学化学教学中的重点。人民教育出版社出版的普通高中新课程标准实验教科书《高中化学（必修1)》第56页对两者的外观、热稳定性、溶液酸碱性等进行了比较，并比较了碳酸钠和碳酸氢钠与稀盐酸的反应速率，但并没有对两者与稀盐酸反应产生的差异现象进行更深层次的探究。教学中，为了学生在观察宏观现象的同时，能够从微观角度认识理解碳酸钠和碳酸氢钠与稀盐酸反应的本质，可利用手持技术，对碳酸钠和碳酸氢钠与稀盐酸的反应进行实验设计。

原理微析

碳酸钠和碳酸氢钠溶液中分别滴加酚酞溶液，碳酸钠显红色，碳酸氢钠显浅红色。当向含有碳酸钠和碳酸氢钠的溶液中加入稀盐酸溶液时，碳酸氢钠中的 HCO_3^- 与 H^+ 直接结合产生二氧化碳气体和水：

$HCO_3^- + H^+ = CO_2\uparrow + H_2O$（溶液浅红色退去，产生大量气体）

碳酸钠和稀盐酸反应时，CO_3^{2-} 先结合 H^+ 生成 HCO_3^-，再结合 H^+ 产生二氧化碳气体：

$CO_3^{2-} + H^+ = HCO_3^-$（溶液由红色变为浅红色）

$HCO_3^- + H^+ = CO_2\uparrow + H_2O$（溶液浅红色退去，产生大量气体）

换言之，1mol 碳酸氢钠与 1mol 稀盐酸反应产生二氧化碳，1mol 碳酸钠与 1mol 稀盐酸反应时，碳酸钠转化为碳酸氢钠，再加入 1mol 稀盐酸溶液，才产生二氧化碳。由 $\Delta PV = \Delta nRT$，可推出 $\Delta n = \Delta PV/(RT)$。因此，可通过压强传感器测定密闭反应容器中的压强，并结合酚酞指示剂在实验中所表现出来的现象，认识两者与稀盐酸的反应实质。

实验微探

我需要

药品：0.3mol/L 碳酸钠溶液、0.3mol/L 碳酸氢钠溶液、0.3mol/L 盐酸溶液、酚酞溶液。

仪器：压强传感器、数据采集器、锥形瓶、恒压滴定漏斗、磁力搅拌器。

我要做

向锥形瓶中分别加入4.0mL 0.3mol/L的碳酸钠溶液和碳酸氢钠溶液，并分别滴加两滴酚酞溶液，观察溶液颜色；向恒压滴液管中加入10mL 0.3mol/L的稀盐酸溶液。如图4-12所示，连接实验装置。打开磁力搅拌器，启动数据采集器。打开恒压滴液漏斗活塞，向溶液中滴加稀盐酸溶液4mL，观察实验数据变化和溶液颜色的变化，记录时间 t_1。再次打开滴液漏斗活塞，加入剩余4.0mL稀盐酸，观察测量数据和溶液颜色变化，待数据保持不变后，记录时间 t_2。

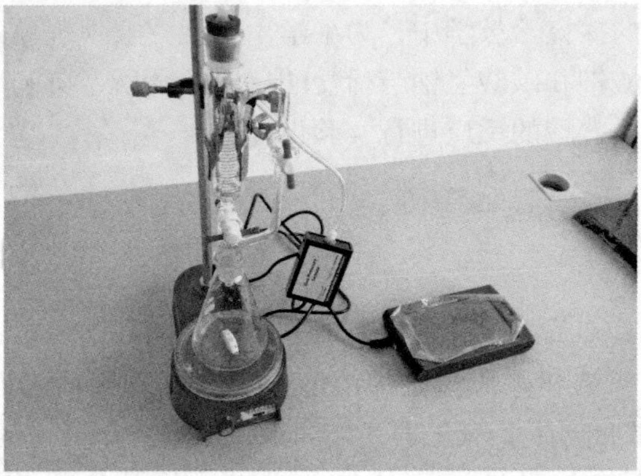

图4-12 碳酸钠和碳酸氢钠与稀盐酸反应的实验装置

会怎样

碳酸钠和碳酸氢钠与稀盐酸反应的压强变化如图4-13所示。实验数据和现象分析如表4-4所示。

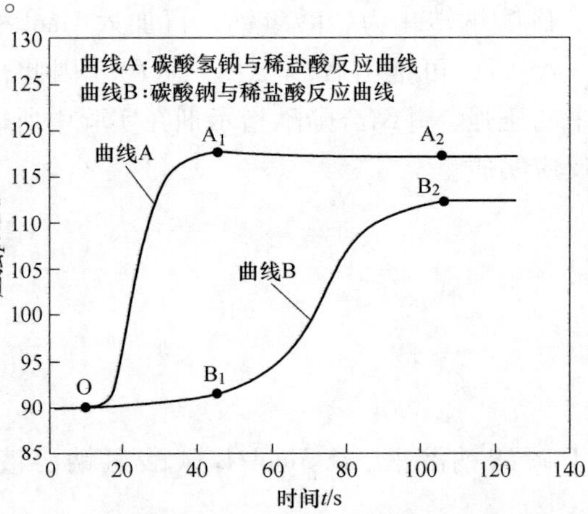

图4-13 碳酸钠和碳酸氢钠与稀盐酸反应的压强变化

表 4-4　实验数据和现象分析

实　验	反应阶段	盐酸体积 /mL	Δp/kPa	实 验 现 象
碳酸氢钠与稀盐酸反应	OA_1 段	4	27.02	有气泡产生，溶液浅红色退去
	A_1A_2 段	4	−1.2	无明显现象
碳酸钠与稀盐酸反应	OB_1 段	4	2.01	溶液由红色变为浅红色
	B_1B_2 段	4	18.27	有气泡产生，溶液浅红色退去

结果微评

通过压强传感器测定密闭实验装置内单位时间的压强，记录数据并生成 p-t 图像（如图 4-13 所示），结合实验现象分析 p-t 图像（如表 4-4 所示）：在碳酸氢钠和稀盐酸反应的实验中，向碳酸钠溶液中先加入稀盐酸溶液 4.0mL，即滴加的稀盐酸与碳酸钠和碳酸氢钠物质的量之比为 1∶1，密闭容器中的压强增大，有气体产生且溶液退色。再次加入稀盐酸后，无明显现象，且密闭容器中的压强基本保持不变，由此可知，碳酸氢钠中的 HCO_3^- 与 H^+ 直接结合产生二氧化碳气体和水。

在碳酸钠和稀盐酸反应的实验中，先加入 4mL 稀盐酸，即滴加的稀盐酸与碳酸钠的物质的量之比为 1∶1，溶液由红色变为浅红色。酚酞的浅红色是 HCO_3^- 存在的标志，由此可知溶液中的 CO_3^{2-} 与 H^+ 结合生成了 HCO_3^-。然而，在加入稀盐酸的过程中，一旦 CO_3^{2-} 和 H^+ 反应以后，溶液中即同时存在 CO_3^{2-} 和 HCO_3^-，就反应的有序性而言，由 p-t 图像可知，这一过程密闭容器中的压强基本保持不变，即 HCO_3^- 没有和 H^+ 结合产生气体，因此得出结论：在和 H^+ 结合的过程中，CO_3^{2-} 优先于 HCO_3^-。当向反应溶液中再次加入 4mL 稀盐酸溶液，密闭容器中的压强增大，有气体产生且溶液浅红色退去。由此可知，生成的 HCO_3^- 再次与 H^+ 结合生成了二氧化碳。

通过压强传感器测定反应过程中密闭容器内的压强变化，并结合实验现象，由此可知，碳酸根离子和碳酸氢根离子与氢离子的结合过程是有所差异的，即碳酸根离子先结合氢离子生成碳酸氢根离子，再结合氢离子产生二氧化碳，而碳酸氢根离子直接结合氢离子生成二氧化碳。

精题微考

某校化学课外小组为了鉴别碳酸钠和碳酸氢钠两种白色固体，用不同的方法做了以下实验，如下图所示。

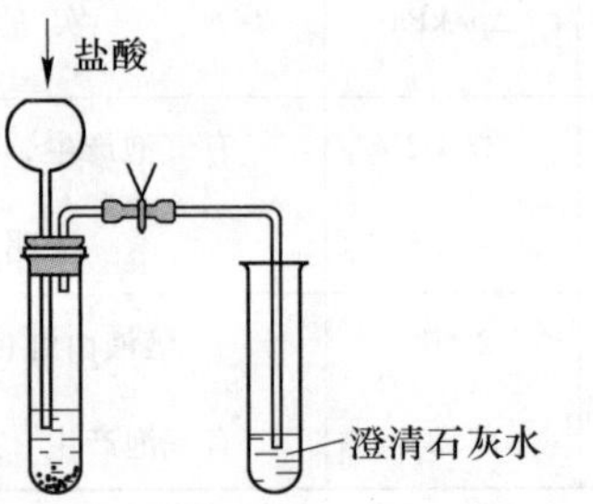

Ⅰ

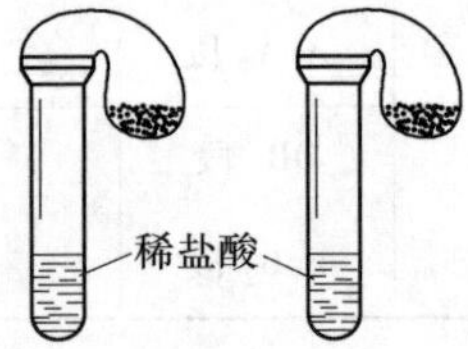

Ⅱ

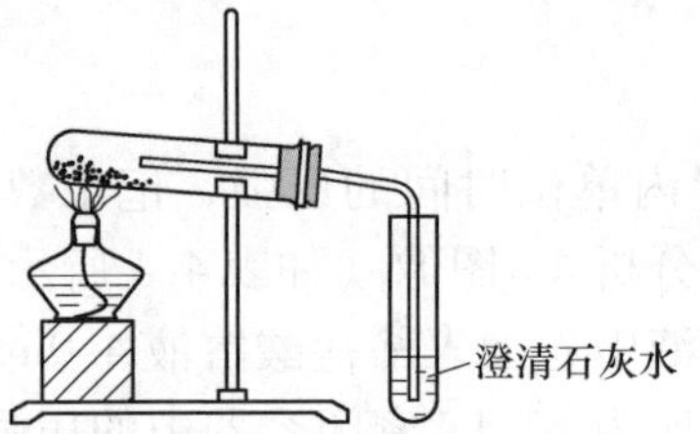

Ⅲ

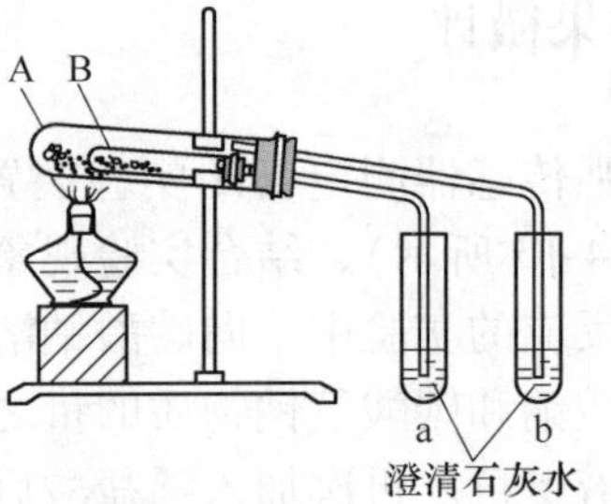

Ⅳ

（1）只根据图Ⅰ、Ⅱ所示实验，能够达到实验目的的是__________（填装置序号）。

（2）图Ⅲ、Ⅳ所示实验均能鉴别这两种物质，其反应的化学方程式为__________。

（3）与实验Ⅲ相比，实验Ⅳ的优点是__________（填选项序号）。

a. Ⅳ比Ⅲ复杂

b. Ⅳ比Ⅲ安全

c. Ⅳ比Ⅲ操作简便

d. Ⅳ可以做到用一套装置同时进行两个对比实验，而Ⅲ不行

（4）若用实验Ⅳ验证碳酸钠和碳酸氢钠的稳定性，则试管B中装入的固体最好是______（填化学式），理由__________。

（5）下列能把等物质的量浓度的 Na_2CO_3、$NaHCO_3$ 鉴别开的是______。

a. $CaCl_2$ 溶液　b. 澄清石灰水　c. 稀盐酸　d. pH 试纸

（6）除去 $NaHCO_3$ 溶液中混有的少量 Na_2CO_3 可采取的方法是（　）。

a. 通入二氧化碳气体

b. 加入氢氧化钡溶液

c. 加入澄清石灰水

d. 加入稀盐酸

百科微赏

化学界的三苏

历史上的文学家"三苏"分别是苏轼、苏洵、苏辙，化学界小苏打、苏打、大苏打也被冠之以"三苏"之称。

（1）小苏打。

化学名称为碳酸氢钠，化学式为 $NaHCO_3$。白色细小晶体，在水中的溶解度小于碳酸钠。固体50℃以上开始逐渐分解生成碳酸钠、二氧化碳和水，440℃时完全分解。碳酸氢钠是强碱与弱酸中和后生成的酸式盐，溶于水时呈现弱碱性。

（2）苏打。

化学名称为碳酸钠，化学式为 Na_2CO_3。碳酸钠是白色粉末或细粒，易溶于水，水溶液呈碱性。它有很强的吸湿性，在空气中能吸收水分而结成硬块。碳酸钠很稳定，受热不易分解，遇酸能放出二氧化碳，还能吸收二氧化碳而生成碳酸氢钠。

（3）大苏打。

化学名称为硫代硫酸钠，化学式为 $Na_2S_2O_3$。硫代硫酸钠是一种无色或淡黄色透明单斜晶系结晶，能风化和潮解，灼烧则分解为硫化钠和硫酸钠。易溶于水。具有强烈的还原性，在33℃以上的干燥空气中易风化，在潮湿空气中有潮解性。

实验十　二氧化碳与饱和石灰水反应的探究

目前，一些化学教材中写道：二氧化碳通入饱和石灰水中，先是石灰水由澄清变混浊，继续通入二氧化碳至过量，溶液由混浊变澄清。因此，在学习二氧化碳的性质时，为了增强课堂教学的体验性和趣味性，教师会请学生向饱和澄清石灰水里吹气，当看到混浊后有时还会请他们继续吹下去，看混浊是否还会变澄清。前一种变化（即“清变浊”）是必须掌握的知识点，后一种变化（即“浊变清”）则是拓展视野的生动体现。应该说这样的教学安排非常有利于培养学生的辩证思想，充分体现新课程所倡导的化学实验生活化、绿色化。同时也具有探究性，有利于调动学生的探究欲望，培养学生的探究意识和能力。但是事与愿违，尽管参与演示的学生脸涨得通红，都不能看到彻底变澄清的现象，不能不说是一种遗憾。为什么“清变浊”可以，而“浊变清”不可以呢？为此，我们也运用数字实验对以上问题进行了探究。

原理微析

把 CO_2 持续通入饱和石灰水中，其过程发生反应的化学方程式：

$$CO_2 + Ca(OH)_2 = CaCO_3\downarrow + H_2O \qquad (4\text{-}1)$$

$$CaCO_3 + CO_2 + H_2O = Ca(HCO_3)_2 \qquad (4\text{-}2)$$

从热力学角度分析：298.15K 时，反应 4-2 的标准自由能的变化值为：

$$\begin{aligned}\Delta_f G_m^{\ominus} &= -553.04 + 2\times(-587.06) - (-1128.76) - \\ &\quad(-394.38) - (-273.19) \\ &= 33.17\text{kJ/mol}\end{aligned}$$

根据反应的标准自由能变化值与反应的标准平衡常数 $K^{\ominus}$ 之间的关系式：

$$\Delta_f G_m^{\ominus} = -RT\ln K^{\ominus}$$

可求得 $K^{\ominus} = 1.54\times10^{-6}$。

设：当反应达到平衡时，$Ca(HCO_3)_2$ 的物质的量浓度（mol/L）为 x，

$c(Ca^{2+})=x$，$c(HCO_3^-)=2x$，$p(CO_2)=1.01\times10^5Pa$。

$$K^{\ominus}=\frac{c(Ca^{2+})/c^{\ominus}\times[c(HCO_3)/c^{\ominus}]^2}{p(CO_2)/p}$$

$$=\frac{x(2x)^2}{1.01\times10^5/1.01\times10^5}$$

解得：$x=7.3\times10^{-3}mol/L$，即 $c(Ca^{2+})=7.3\times10^{-3}$，$c(HCO_3^-)=1.46\times10^{-2}mol/L$。

而实际上，293K 时，$Ca(OH)_2$ 溶解度为 0.165g/100g 水。因饱和石灰水是稀溶液，可设其密度为 1.00g/mL，则溶液中 $c[Ca(OH)_2]=c(Ca^{2+})=2.2\times10^{-2}mol/L$。

在饱和石灰水中，由于 $(Ca^{2+})=2.2\times10^{-2}mol/L>7.3\times10^{-3}mol/L$，所以 $CaCO_3$ 沉淀不能完全溶解（实验中 CO_2 的压强小于 1.01×10^5Pa，则反应达到平衡时，每升溶液中溶解 $CaCO_3$ 的量应小于 $7.3\times10^{-3}mol$）。此外，还要考虑酸度的影响。已知 $K_{sp}(CaCO_3)=2.8\times10^{-9}$，根据 $c(Ca^{2+})\cdot c(CO_3^{2-})=K_{sp}(CaCO_3)$，求得沉淀完全溶解时 CO_3^{2-} 的最大浓度为：$c(CO_3^{2-})=K_{sp}(CaCO_3)/c(Ca^{2+})=2.8\times10^{-9}/(2.2\times10^{-2})=1.27\times10^{-7}mol/L$。

当溶液澄清时，HCO_3^- 的最大浓度为：$c(HCO_3^-)=2c(Ca^{2+})=4.4\times10^{-2}mol/L$。已知 $K_{a2}(H_2CO_3)=5.6\times10^{-11}$，根据 $c(H^+)=c(HCO_3^-)\times K_{a2}(H_2CO_3)/c(CO_3^{2-})$，得 $c(H^+)=4.4\times10^{-2}\times5.6\times10^{-11}/(1.27\times10^{-7})=1.9\times10^{-5}mol/L$，pH 值约为 4.7，因此，要使饱和石灰水溶液最后变澄清，则溶液的 $pH<5$。

结合上述分析，可通过测定溶液电导率的变化与 pH 值的变化来证实是否发生了澄清石灰水的“清变浊，浊变清”现象。

实验微探

我需要

药品：石灰石、稀盐酸、氢氧化钙、碳酸氢钠。

仪器：分液漏斗、锥形瓶、广口瓶、双口塞、导管、电导率传感器、pH 传感器、数据采集器、大烧杯。

我要做

将石灰石与稀盐酸反应，产生的二氧化碳气体经过碳酸氢钠溶液的洗气后，通进配制好的饱和澄清石灰水中，用 pH 传感器、电导率传感器测量溶液反应过程中 pH 值的变化和电导率的变化。

会怎样

通入 CO_2 后 pH 值的变化如图 4-14 所示。通入 CO_2 后电导率的变化如图 4-15 所示。

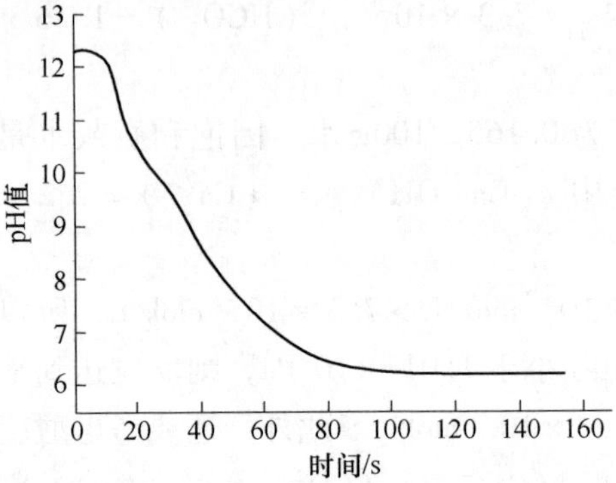

图 4-14　通入 CO_2 后 pH 值的变化

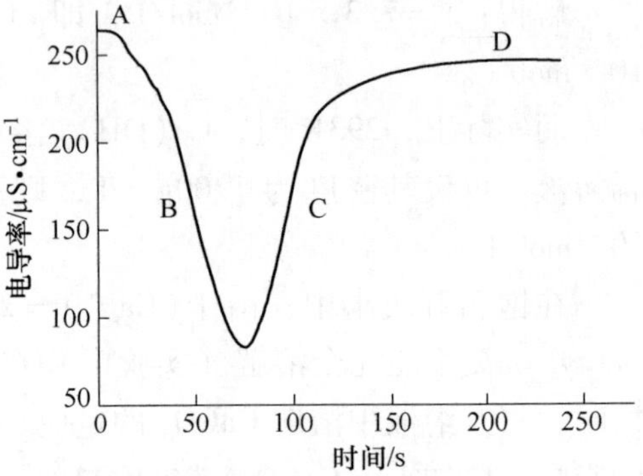

图 4-15　通入 CO_2 后电导率的变化

结果微评

从图 4-14 中我们也可以很明显地看出电导率的变化曲线经历了两个阶段，第一阶段溶液中的 $Ca(OH)_2$ 逐渐转换成 $CaCO_3$ 而使溶液中的电导率减小（$Ca(OH)_2$为强电解质和可溶性强碱，随着浓度的减小，电导率也会相应减小），第一阶段的完成标志为 $Ca(OH)_2$ 全部转换成 $CaCO_3$ 也就是电导率到达最低点，第二阶段，$CaCO_3$ 开始转变成为 $Ca(HCO_3)_2$ 而使溶液中的电导率增大（水溶液中的电导率和溶解固体量浓度成正比）。

从图 4-15 中可以看出，随着 CO_2 的通入，澄清石灰水中的 pH 值呈下降趋势，通过对比反应方程式 $Ca(OH)_2 + CO_2 = CaCO_3 + H_2O$，$CO_2$ 的通入消耗了溶液中的 $Ca(OH)_2$ 使溶液的 pH 值持续降低，$Ca(OH)_2$ 消耗完全后，$CaCO_3$ 开始转变成为 $Ca(HCO_3)_2$，当反应完成时，CO_2 的持续通入使溶液中形成碳酸使 pH 值继续降低，最后当 CO_2 的溶解量达到饱和时，pH 值达到一个平稳的值，也使溶液呈现弱酸性。但溶液的 pH 值并没有降低至 5 以下，因此 $CaCO_3$ 没有完全转变成为 $Ca(HCO_3)_2$。

最终可以得到澄清溶液的观点，是因为忽略了反应的限度问题，虽然产物

$Ca(HCO_3)_2$ 可溶，但 $CaCO_3$ 转化为 $Ca(HCO_3)_2$ 的反应存在反应限度，并非进行得很完全。如果要使该演示实验中先出现混浊，然后混浊又变澄清这两个过程的现象明显呈现，应使用不饱和的石灰水（水与饱和石灰水体积比超过 2∶1 稀释）。

精题微考

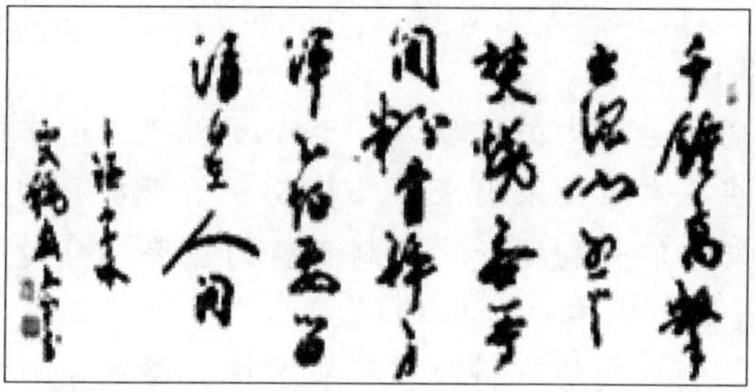

上图是画家用碳墨绘画的我国明朝诗人于谦《石灰吟》的国画，诗中写道："千锤万凿出深山，烈火焚烧若等闲，粉身碎骨浑不怕，要留清白在人间"。试回答：

（1）该字画能够保存多年而不变色，原因____________________。

（2）诗句中"千锤万凿出深山"所体现物质的变化：__________变化。

（3）请写出诗句中涉及的有关化学方程式：____________________。

百科微赏

《石灰吟》中的化学知识

导语

石灰吟　明 · 于谦

千锤万凿出深山，烈火焚烧若等闲。

粉骨碎身浑不怕，要留清白在人间。

于谦从小学习刻苦，志向远大。相传有一天，他信步走到一座石灰窑前，观看师傅们煅烧石灰。只见一堆堆青黑色的山石，经过熊熊的烈火焚烧之后，都变成了白色的石灰。他深有感触，略加思索之后便吟出了《石灰吟》这首脍炙人口的诗篇。于是，12 岁的于谦写下的这首诗不只是石灰形象的写照，更是他人生的追求。

全诗讲述的是经过千锤万凿从深山中开采出来的石头，对烈火的焚烧看得平平常常。只要能把自己的清白留在世界上，粉身碎骨也不怕。表现了诗人不畏艰险、不怕牺牲，在人生道路上清清白白做人的高尚情操。

"石灰吟"用了一个物理变化和三个化学变化赞美了石灰石的一生。现将"石灰吟"中发生的四个变化讲述如下：

"千锤万凿出深山"：这一句是指通过劳动人民的努力，千锤万凿把深山中的巨石砸成烧制石灰的石料。从深山中将石灰石开采出来，只是改变了石灰石的大小，并没有生成新物质，所以此过程发生的是物理变化。制石料的主要成分是石灰石（或大理石），其主要成分是碳酸钙，化学式为 $CaCO_3$。

"烈火焚烧若等闲"：这一句是指把制石灰的石料放在石灰窑中，烧制生石灰的场景。在高温下煅烧石灰石生成生石灰和水是化学变化，生石灰是一种白色固体，化学名称叫氧化钙（CaO），其反应化学方程式为：

$$CaCO_3 \xlongequal{\quad} CaO + CO_2$$

"粉身碎骨浑不怕"：这一句是指把块状的生石灰制成供人们使用的粉末状的熟石灰。生石灰与水反应生成氢氧化钙，反应中放出的热量可以将鸡蛋煮熟。该变化是化学变化，化学方程式为 $CaO + H_2O = Ca(OH)_2$。氢氧化钙[$Ca(OH)_2$]，俗称熟石灰或消石灰，白色固体，微溶于水，溶解度随温度的升高而降低，是一种常见的碱，有腐蚀性。

"要留清白在人间"：这一句是指人们使用了粉末状的熟石灰砌砖抹墙后，墙壁变得更坚硬，更洁白。氢氧化钙和二氧化碳反应生成不溶于水的白色固体碳酸钙，此过程发生化学变化，其化学方程式为：$Ca(OH)_2 + CO_2 = CaCO_3\downarrow + H_2O$。

第五章　化学反应速率与平衡移动

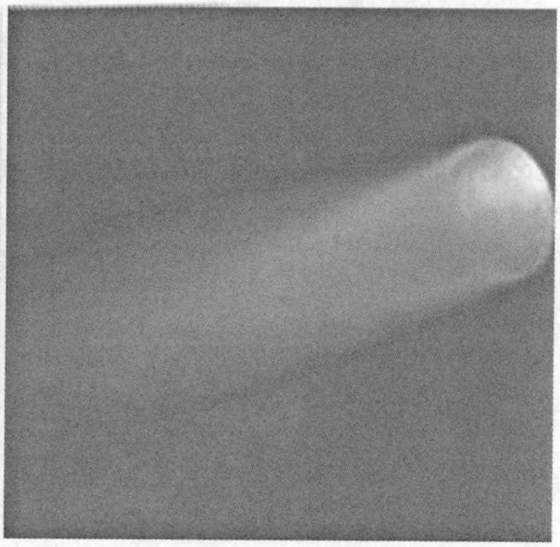

我们都知道氢气与氧气的混合物一经点燃后立即发生爆炸，但是在常温下氢气与氧气的混合物却能长期存在，你知道为什么吗？用氢气和氧气合成氨气时，即使氢气和氨气的物质的量之比为3∶1，它们也不能全部反应，这又是为什么呢？

以上问题实际上涉及了化学反应速率、化学平衡移动。现在就让我们带着这些问题一起进入“化学反应速率与平衡移动的学习”，揭开这些神秘的面纱吧！

实验十一　镁与稀盐酸反应速率的测定

化学反应速率的概念及化学反应速率的测定是高中教学中的重点，人民教育出版社出版的《高中化学（选修4）——化学反应原理》中的实验设计如图5-1所示。而在实际操作过程中，一方面反应速率过快，无法读出规定反应时间内体积的变化，从而使测量结果产生较大的误差；另一方面，由于是利用针筒内气体体积的增加量来表示化学反应速率，容易形成错误概念，即化学反应速率是单位时间内体积的变化量，而非教材中所描述的单位时间内反应物浓度的减少或生成物浓度的增加。利用手持技术中的压强传感器实时测定反应体系内压强的变化，定量测定了金属镁与稀盐酸发生反应的化学反应速率，可加深学生对化学反应速率及相关概念的理解。

词源微说

化学反应速率

化学反应速率表示的是化学反应进行的快慢程度（平均反应速率），通常用单位时间内反应物浓度的减少或生成物浓度的增加来表示。

化学反应速率的符号为 v，单位是 mol/(L·s) 或 mol/(L·min)，数字表达式：$v = \Delta c/\Delta t$。

影响化学反应速率的因素包括内因和外因。内因即反应物本身的性质，外因包括温度、浓度、压强、催化剂、反应物之间的接触面积等。

实验 2-1……………………………………………………………………

按图2-1安装两套装置。在锥形瓶内各盛有2g锌粒（颗粒大小基本相同），通过分液漏斗分别加入40mL 1mol/L和40mL 4mol/L的硫酸，比较二者收集10mL H_2 所用的时间。把实验结果填入下表：

加入试剂	反应时间 min	反应速率 mL/min
1mol/L H_2SO_4		
4mol/L H_2SO_4		

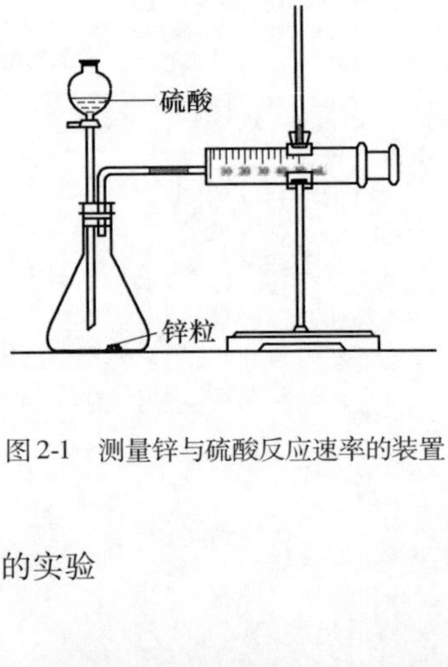

图2-1　测量锌与硫酸反应速率的装置

图5-1　人教版化学反应速率测定的实验

原理微析

镁条与稀盐酸反应放出氢气，如果该反应在定容密闭体系内进行，则随着氢气浓度的增加压强增大。因此，通过记录压强随时间的变化，绘制压强-时间曲线，并进行线性拟合，根据该曲线的斜率即可计算出反应速率。

$$Mg + 2HCl \xlongequal{\quad} MgCl_2 + H_2\uparrow$$

根据理想气体公式：

$$\Delta pV(H_2) = \Delta n(H_2)RT$$

可得

$$\Delta p = \frac{\Delta n(H_2)}{V(H_2)}RT = \Delta c(H_2)RT$$

因此

$$v = \frac{\Delta c(H_2)}{\Delta t} = \frac{\Delta p}{RT \cdot \Delta t} = \frac{\Delta p}{\Delta t} \times \frac{1}{RT}$$

实验微探

我需要

药品：浓度分别为 0.005mol/L、0.010mol/L、0.015mol/L 稀盐酸溶液、镁条。

仪器：压强传感器、数据采集器、50mL 锥形瓶、橡胶塞。

我要做

（1）如图 5-2 所示连接实验装置，并检验装置的气密性。

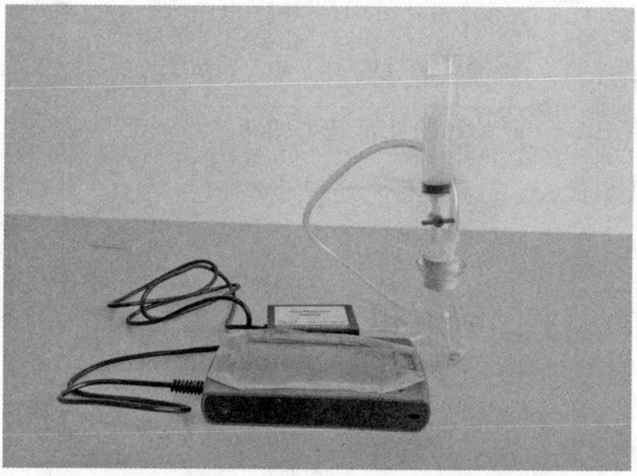

图 5-2　镁与稀盐酸反应速率的测定

（2）用砂纸将镁条擦亮，剪成若干小段。在分析天平上称取 5 段质量为 0.05g 的镁条。

（3）在 100mL 锥形瓶内加入 20mL 0.005mol/L 的盐酸，取一小段镁条用蒸馏水润湿并折成"V"形，在橡胶塞内侧扎一根折成"L"形的大头针，将镁条挂在大头针上，塞紧橡胶塞。

（4）采集数据，待数据稳定后，倾斜锥形瓶，使镁条滑落与盐酸反应。待充分反应后，停止采集，得到压强-时间曲线。

（5）按上述步骤分别采集浓度为 0.015mol/L、0.010mol/L、0.005mol/L 的盐酸与镁条反应的数据。

会怎样

经实验测得，浓度为 0.005mol/L、0.010mol/L、0.015mol/L 的稀盐酸与镁条反应的压强-时间曲线如图 5-3、图 5-4、图 5-5 所示，依次对三个图中的数据进行线性拟合，得到三个线性回归方程：$Y_1 = 0.002632X + 90.98$，$Y_2 = 0.005543X + 89.26$，$Y_3 = 0.006119X + 90.56$。根据实验原理，计算反应速率见表 5-1。

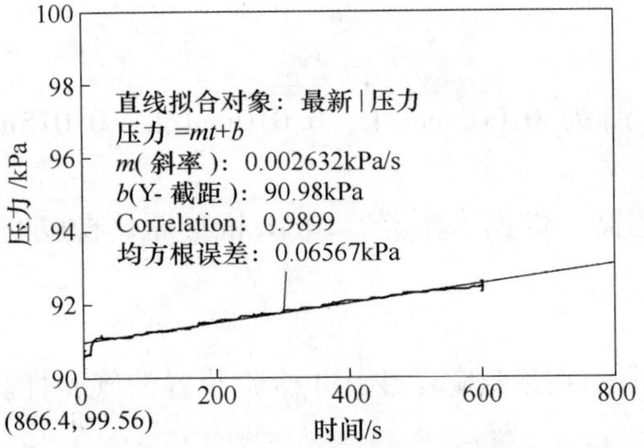

图 5-3　镁与 0.005mol/L 稀盐酸反应

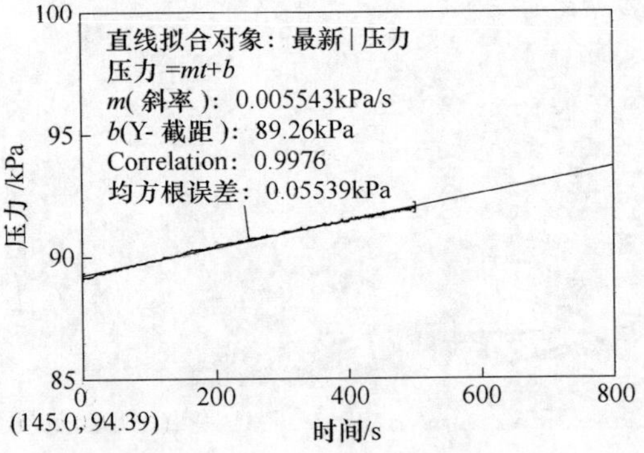

图 5-4　镁与 0.010mol/L 稀盐酸反应

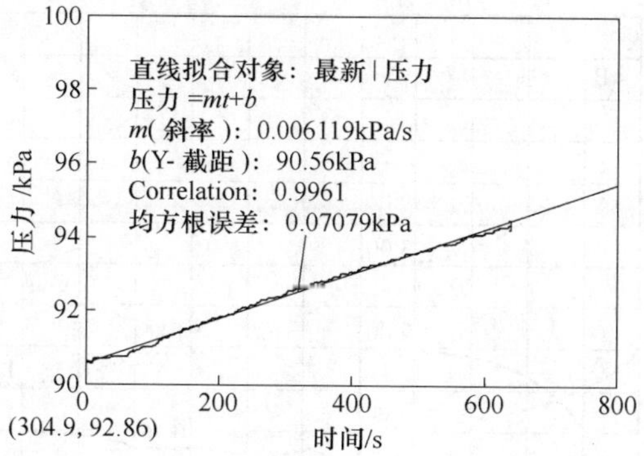

图 5-5　镁与 0.015mol/L 稀盐酸反应

表 5-1　不同浓度盐酸和硫酸与金属镁的化学反应速率

实验温度	20℃		
盐酸的浓度/$mol \cdot L^{-1}$	0.005	0.010	0.015
$\Delta p/\Delta t$/$Pa \cdot s^{-1}$	0.002632	0.005543	0.006119
v/$mol \cdot (L \cdot s)^{-1}$	1.080×10^{-6}	2.275×10^{-6}	2.511×10^{-6}

结果微评

通过对实验图像和实验数据的分析，浓度为 0.005mol/L、0.010mol/L、0.015mol/L 的稀盐酸与镁条反应速率分别是 1.080×10^{-6} mol/(L · s)、2.275×10^{-6}mol/(L · s)、2.511×10^{-6}mol/L，可以得到结论：在金属镁质量相同的情况下，盐酸浓度越大，化学反应速率越快。因此，浓度是会影响化学反应速率的，且增大浓度可以加快反应速率。

精题微考

（2011 全国Ⅱ卷）反应 $aA(g) + bB(g) \xrightleftharpoons{催化剂} cC(g)$（$\Delta H < 0$）在等容条件下进行。改变其他反应条件，在Ⅰ、Ⅱ、Ⅲ阶段体系中各物质浓度随时间变化的曲线如下图所示。

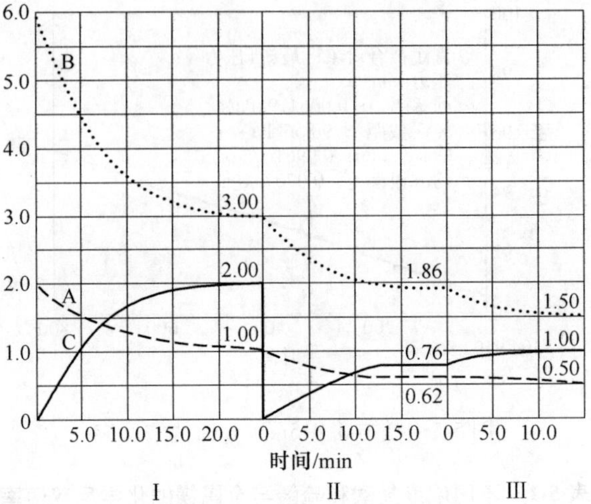

回答问题：

（1）反应的化学方程式中，$a:b:c$ 为________；

（2）A 的平均反应速率 $v_{\text{Ⅰ}}$（A）、$v_{\text{Ⅱ}}$（A）、$v_{\text{Ⅲ}}$（A）从大到小排列次序为________；

（3）B 的平衡转化率 $\alpha_{\text{Ⅰ}}$（B）、$\alpha_{\text{Ⅱ}}$（B）、$\alpha_{\text{Ⅲ}}$（B）中最小的是________，其值是________；

（4）由第一次平衡到第二次平衡，平衡移动的方向是________，采取的措施是________；

（5）比较第Ⅱ阶段反应温度（T_2）和第Ⅲ阶段反应温度（T_3）的高低：T_2 ______ T_3（填“>”“<”或“=”），判断的理由是____________；

（6）达到第三次平衡后，将容器的体积扩大一倍，假定10min后达到新的平衡，请在下图中用曲线表示第Ⅳ阶段体系中各物质的浓度随时间变化的趋势（曲线上必须标出A、B、C）。

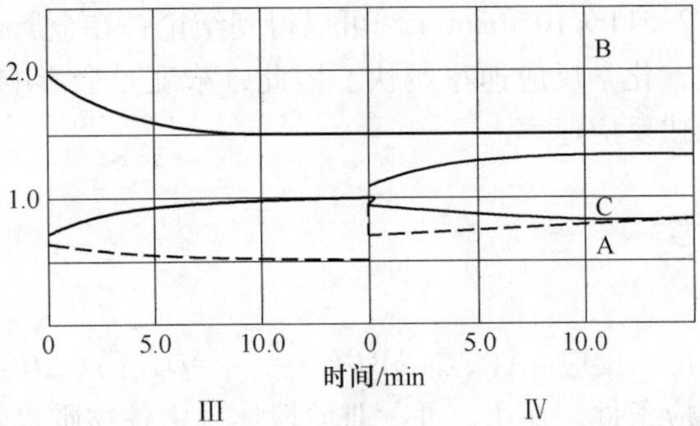

百科微赏

影响化学反应速率的因素

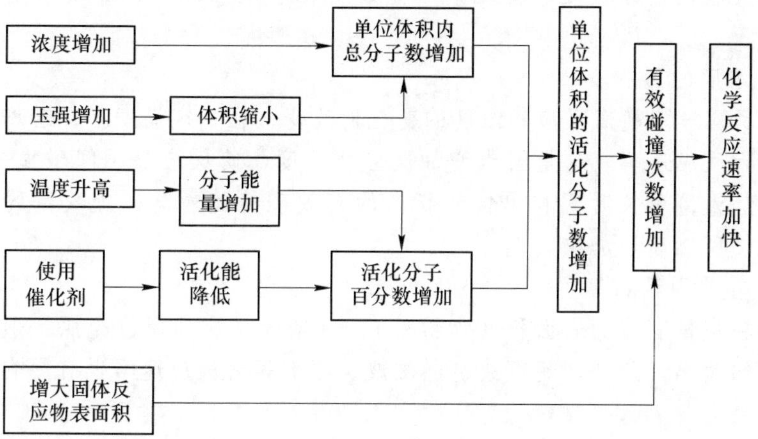

(1) 物质的性质。

参加化学反应的物质的性质是决定化学反应速率的主要原因。反应的类型不同，物质的结构不同，都会导致反应速率的不同。例如：在相同条件下，氟气与氢气在暗处就能发生爆炸（反应速率非常大）；氯气与氢气在光照条件下会发生爆炸（反应速率大）；溴气与氢气在加热条件下才能反应（反应速率较大）；碘蒸气与氢气在较高温度时才能发生反应，同时生成的碘化氢又分解（反应速率较小）。这与反应物 X—X 键及生成物 H—X 键的相对强度大小密切相关。

(2) 压强的影响。

对于有气体参与的化学反应，其他条件不变时（除体积），增大压强，即体积减小，反应物浓度增大，单位体积内活化分子数增多，单位时间内有效碰撞次数增多，反应速率加快；反之则减小。若体积不变，加压（加入不参加此化学反应的气体）反应速率就不变。因为浓度不变，单位体积内活化分子数就不变。但在体积不变的情况下，加入反应物，同样是加压，增加反应物浓度，速率也会增加。若体积可变，恒压（加入不参加此化学反应的气体）反应速率就减小。因为体积增大，反应物的物质的量不变，反应物的浓度减小，单位体积内活化分子数就减小。

(3) 温度的影响。

只要升高温度，反应物分子获得能量，使一部分原来能量较低分子变成活化分子，增加了活化分子的百分数，使得有效碰撞次数增多，故反应速率加大（主要原因）。当然，由于温度升高，分子运动速率加快，单位时间内反应物分子碰撞次数增多，反应也会相应加快（次要原因）。

(4) 催化剂的影响。

使用正催化剂能够降低反应所需的能量，使更多的反应物分子成为活化分子，大大提高了单位体积内反应物分子的百分数，从而成千上万倍地增大了反应物速率，负催化剂则反之。催化剂只能改变化学反应速率，却改不了化学反应平衡。

(5) 浓度的影响。

化学反应速率随着反应物浓度的变化而改变，在一定温度下，若增加反应物浓度可增大反应速率。这是因为增加反应物浓度，使反应分子间碰撞机会增多，碰撞次数加大，单位时间和单位体积内的有效碰撞随着总碰撞次数的增加而增加，结果使反应速率加快。

(6) 其他因素。

增大一定量固体的表面积（如粉碎），可增大反应速率，光照一般也可增大某些反应的速率；此外，超声波、电磁波、溶剂等对反应速率也有影响。

实验十二　探究水泥负载二氧化锰催化分解过氧化氢的最佳条件

义务教育初中《化学》（人民教育出版社）教材中介绍了过氧化氢制取氧气的方法，并探究了分解过氧化氢制氧气的过程中二氧化锰的催化作用，以及催化剂的三个特点——改变化学反应速率，但反应前后质量不变、化学性质不变。在初中《化学》（人民教育出版社）教材（如图5-6所示），该实验内容是“在试管中加入5mL 5%的过氧化氢溶液”，并“在上述溶液中加入少量的二氧化锰，把带火星的木条伸入试管，观察发生的现象”。然而在实际操作中，究竟要加入多少二氧化锰固体才是最合适的？另外，当我们将黑色粉末状二氧化锰与过氧化氢水溶液混合后，形成的是黑色悬浮液，难以将二氧化锰分离出来，这为验证“二氧化锰的质量及性质没有发生改变”形成了阻碍。针对上述问题，可将二氧化锰与水泥按照一定比例混合，加水搅拌制作成颗粒状的二氧化锰催化剂，用制作的水泥负载的二氧化锰催化剂催化过氧化氢，从而解决催化剂二氧化锰粉末的回收再利用问题。

影响化学过氧化氢分解反应速率的因素包括浓度、温度等，对于使用改进后的水泥负载二氧化锰催化分解过氧化氢而言，应该选取多大浓度的过氧化氢，以及什么配比和质量的催化剂制取氧气更为合适，下面利用正交试验并结合手持技术，探究水泥负载二氧化锰催化分解过氧化氢制取氧气的最佳条件。

【实验2-5】　（1）在试管中加入5mL 5%的过氧化氢溶液，把带火星的木条伸入试管，木条是否复燃？

（2）向上述试管中加入少量二氧化锰，把带火星的木条伸入试管。观察发生的现象（如图2-14）。

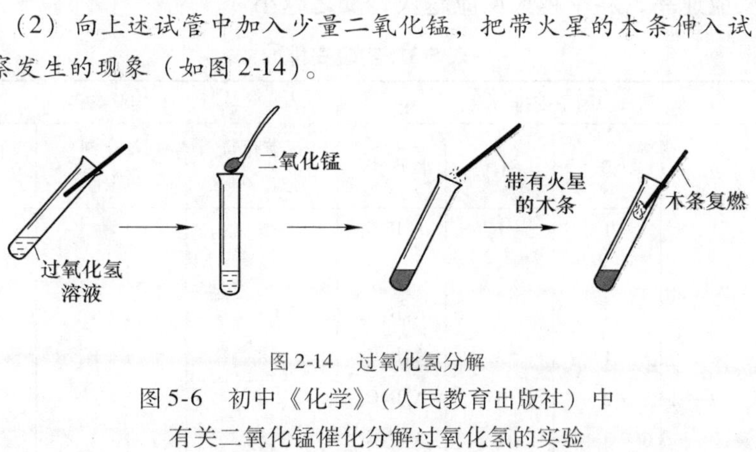

图2-14　过氧化氢分解

图5-6　初中《化学》（人民教育出版社）中有关二氧化锰催化分解过氧化氢的实验

原理微析

为探究出氧气产量高、反应速率快的最佳的实验条件，本实验运用正交法，对影响二氧化锰催化分解的三个因素分别选取了三个水平，进行了正交试验设计。而在各因素的水平选取上，我们进行了大量的前期预试实验：将容量为25mL的恒压滴定漏斗与150mL的锥形瓶相连，利用恒压滴定漏斗向锥形瓶中滴入5mL不同浓度的过氧化氢进行催化分解。预试实验发现，当浓度大于12%时，反应太过剧烈，恒压滴定漏斗与锥形瓶的接口处将会弹开，存在安全隐患，另外，浓度较高的过氧化氢溶液具有腐蚀性。因此本实验选取的过氧化氢浓度为5%、8%、11%。而催化剂的质量以及配比则是依据节约药品这一原则划分了三个水平（如表5-2所示）。

表5-2 因素水平

因素 水平	A 过氧化氢浓度/%	B 催化剂配比	C 催化剂质量/g
1	5	1∶1	0.1
2	8	1∶2	0.3
3	11	1∶3	0.5

三因素三水平做全面试验需要$3^3=27$次，现用$L_9(3^4)$来安排因子并设计试验方案，实验共9组（如表5-3所示）。在水泥负载二氧化锰催化分解过氧化氢的过程中，根据公式$\Delta PV=\Delta nRT$，可通过压强传感器测定反应过程中密闭容器的压强变化值来衡量氧气的产量，压强变化值越大，说明产生的氧气越多。另外，我们通过手持技术可绘制出实验时的压强-时间曲线，并根据曲线的斜率，可求算出反应速率，斜率越大反应越快，反之越小。

表5-3 实验安排

试验号	因子安排				实验条件		
	A	B	C	水平组合	过氧化氢浓度/%	催化剂配比	催化剂质量/g
1	1	1	1	$A_1B_1C_1$	5	1∶1	0.1
2	1	2	2	$A_1B_2C_2$	5	1∶2	0.3
3	1	3	3	$A_1B_3C_3$	5	1∶3	0.5
4	2	1	2	$A_2B_1C_2$	8	1∶1	0.3
5	2	2	3	$A_2B_2C_3$	8	1∶2	0.5
6	2	3	1	$A_2B_3C_1$	8	1∶3	0.1

续表 5-3

试验号	因子安排				实验条件		
	A	B	C	水平组合	过氧化氢浓度/%	催化剂配比	催化剂质量/g
7	3	1	3	$A_3B_1C_3$	11	1∶1	0.5
8	3	2	1	$A_3B_2C_1$	11	1∶2	0.1
9	3	3	2	$A_3B_3C_2$	11	1∶3	0.3

实验微探

我需要

药品：30%的过氧化氢溶液、二氧化锰固体、水泥。

仪器：锥形瓶、恒压滴定漏斗、数据采集器、压强传感器、磁力搅拌器。

我要做

（1）配制溶液。用30%的过氧化氢溶液配制11%、8%、5%的过氧化氢溶液各100mL。

（2）制作催化剂。按照水泥质量∶二氧化锰质量等于1∶1、1∶2、1∶3加水搅拌成糊，然后在垫有纸的桌面上压成0.5cm厚的块状，使之阴干24h以上。硬化后的催化剂用小锤敲打成0.1g、0.3g、0.5g的小颗粒待用。

（3）采集数据。按照图5-7所示，连接实验装置，分别取25mL不同浓度的

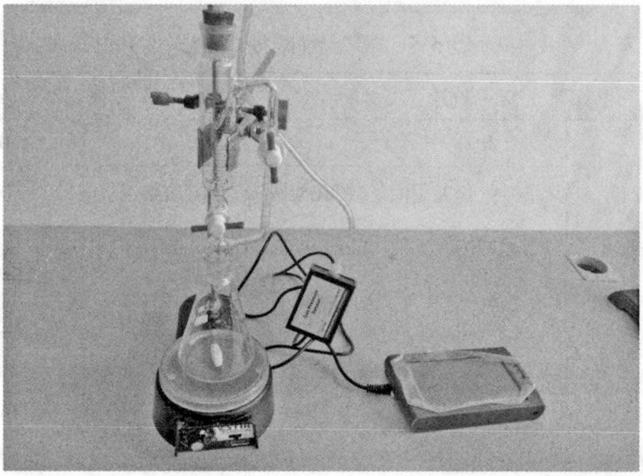

图5-7 实验装置

过氧化氢溶液置于恒压滴定漏斗中，根据表 5-3 的实验安排，取不同质量和配比的水泥负载二氧化锰放入锥形瓶中。当准备就绪后，打开磁力搅拌器，启动传感器，向锥形瓶中滴加过氧化氢溶液 5mL（注意控制滴加的速度），待数据基本保持不变时，停止采集数据，将数据复制到 Origin 软件中进行作图。

会怎样

不同浓度的过氧化氢与不同的催化剂作用所产生的氧气含量不同，绘制出的压强-时间曲线也不同（如表 5-4 所示），将 9 组实验前后的压强差与压强-时间曲线数据进行处理得到表 5-5，其中 K_1、K_2、K_3 为各因素各水平实验结果之和，k_1、k_2、k_3 为其平均值，R 为极差。

表 5-4 正交实验数据

试验号	水平组合	A	B	C	实验结果	
					压强差/kPa	p-t 曲线斜率
1	$A_1B_1C_1$	5%	1∶1	0.1	6.08738	0.03442
2	$A_1B_2C_2$	5%	1∶2	0.3	13.21628	0.07853
3	$A_1B_3C_3$	5%	1∶3	0.5	15.82404	0.10198
4	$A_2B_1C_2$	8%	1∶1	0.3	22.10868	0.13131
5	$A_2B_2C_3$	8%	1∶2	0.5	23.26461	0.13117
6	$A_2B_3C_1$	8%	1∶3	0.1	14.76279	0.08915
7	$A_3B_1C_3$	11%	1∶1	0.5	22.77541	0.13543
8	$A_3B_2C_1$	11%	1∶2	0.1	30.25543	0.18379
9	$A_3B_3C_2$	11%	1∶3	0.3	26.82314	0.16185

表 5-5 实验数据处理结果

项目	压强差正交实验计算结果			p-t 曲线斜率正交实验计算结果		
	A	B	C	A	B	C
K_1	35.1277	50.97147	51.1056	0.21493	0.30116	0.30736
K_2	60.13608	66.73632	62.1481	0.35163	0.39349	0.37169
K_3	79.85398	57.40997	61.86406	0.48107	0.35928	0.36858
k_1	11.70923	16.99049	17.0352	0.07164	0.10039	0.10245
k_2	20.04536	22.24544	20.7160	0.11721	0.13116	0.12340
k_3	26.61799	19.13666	20.6214	0.16036	0.11976	0.12286
R	14.90876	5.25495	3.6808	0.08872	0.03077	0.02095

结果微评

(1) 过氧化氢浓度和催化剂的选择对实验的影响。

在正交试验中，极差 R 可以判断各因素对试验指标的影响主次，R 值越大，影响越大，反之越小。比较压强差正交试验计算结果和 p-t 曲线斜率正交实验计算结果可知，三个因素中，过氧化氢的浓度是主要影响因素，其次是催化剂的配比，催化剂的质量影响最小。对于各因素在水平上的变动对试验结果的影响，我们可以根据各因素的 k 值来比较。通过表 5-5 发现，在压强差正交试验计算结果和 p-t 曲线斜率正交实验计算结果中：对于 A 因素，$k_1 < k_2 < k_3$，即浓度越大，产生氧的量以及反应速率越大；对于 B 因素与 C 因素，都是 $k_1 < k_3 < k_2$，由此可知，并非二氧化锰的量越多，氧气的产量与产生速率就越大。

(2) 水泥负载二氧化锰最佳实验条件。

由表 5-4 可知，在进行的 9 组实验中，第 8 号实验 $A_3B_2C_1$ 组合，即过氧化氢浓度为 11%，催化剂配比为 1∶2，催化剂质量是 0.1g，实验所得数据压强差与 p-t 曲线斜率最大，因此，该组合制取氧气时，氧气的产量及反应速率越大，是 9 组实验中的较优条件。

但是，对于正交设计，我们试验的只是全面实验 $3^3=27$ 中的 9 组，因此，我们尝试从理论角度寻找最优水平组合。从理论的角度分析，对于 A 因素，$k_1 < k_2 < k_3$，A_3 是 A 因素的优水平；对于 B 因素，$k_1 < k_3 < k_2$，B_2 是 B 因素的优水平；对于 C 因素，$k_1 < k_3 < k_2$，C_2 是 C 因素的优水平，因此选出较优水平组合 $A_3B_2C_2$。将上述选出的两组较优水平组合进行实验，并进行比较，如表 5-6 所示。通过比较发现，$A_3B_2C_2$ 组合实验得出的压强差与 p-t 曲线斜率更大，即通过 $A_3B_2C_2$ 组合进行氧气制取时，氧气的产量更高，且产生的速率更快。

表 5-6 $A_3B_2C_1$ 组合和 $A_3B_2C_2$ 组合的实验结果

优水平组合	实验结果	
	压强差/kPa	p-t 曲线斜率
$A_3B_2C_1$	30.25543	0.18379
$A_3B_2C_2$	35.15122	0.19941

通过探究可知，在用水泥负载二氧化锰催化分解过氧化氢时，为实现较高的氧气产量，且氧气产生速率较快，最佳条件是用 0.3g 配比为 1∶2 的水泥负载二氧化锰催化 11% 的过氧化氢溶液。

精题微考

在过氧化氢溶液的分解反应中，二氧化锰能作催化剂。下列有关催化剂的说法正确的是______（选填序号）。

a. 在化学反应后其质量减小

b. 在化学反应后其化学性质发生了变化

c. 能增大生成物的质量

d. 能改变化学反应速率

【提出问题】在过氧化氢溶液的分解反应中，除了二氧化锰，是否有其他物质也能作催化剂？

【查阅资料】在过氧化氢溶液的分解反应中，氧化铜也能作催化剂。

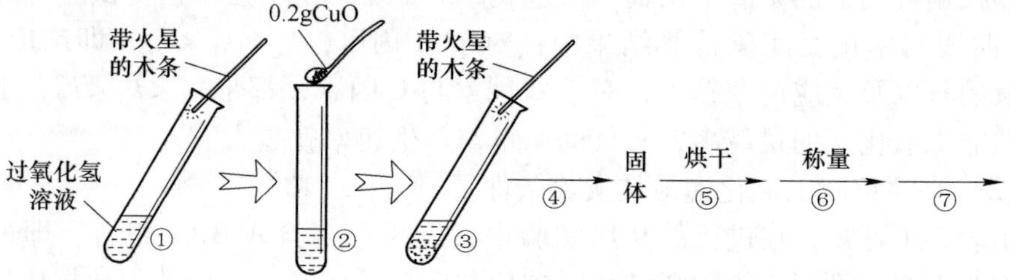

【进行实验】用天平称量 0.2g 氧化铜，取 5mL 5% 过氧化氢溶液于试管中，进行如下实验：

（1）填写下表：

步骤③现象	步骤⑥结果	步骤⑦操作	结　论
______，带火星的木条复燃	____________	____________	在过氧化氢溶液的分解反应中，氧化铜也能作催化剂

（2）步骤①的目的是____________。

（3）步骤④对应的实验操作是______，需用到的玻璃仪器有______。

【拓展探究】设计如下四组实验，比较二氧化锰和氧化铜对过氧化氢溶液分解的催化作用，其中观察效果最差的是______（选填序号）。

第一组	第二组	第三组	第四组
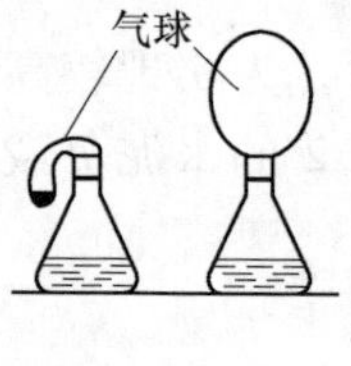	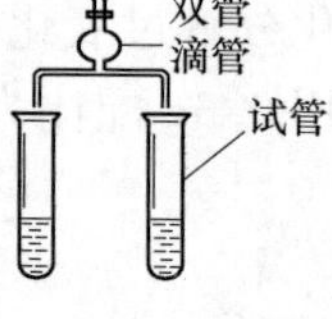	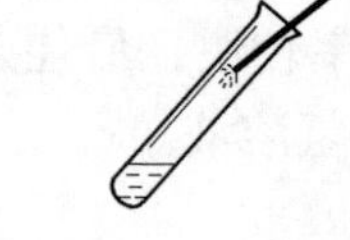	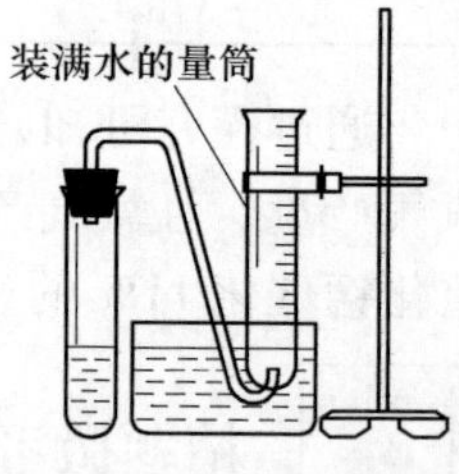
第一组	第二组	第三组	第四组

a. 第一组同时实验，观察比较反应过程中两个气球体积的变化

b. 第二组同时实验，观察比较反应过程中两个试管内产生气泡的快慢

c. 第三组分两次实验，看木条是否能复燃

d. 第四组分两次实验，比较收集一定体积的气体所需要的时间

百科微赏

不能让人开心的“开心果”

新闻链接

寒冷的冬季，边看电视边吃干果，是普通百姓美好生活真实的写照。两年前，徐先生家小区门口开了一家干果店，售卖花生、瓜子、核桃、开心果等食品，每天都被顾客踩破了门槛，卖得最好的就是开心果。忽然有一天这家卖干果的小店被查封了，原来这家店一直用工业双氧水泡开心果。大伙很是气愤，再好的开心果遇到了这种东西，也会变毒变坏啊。

开心果不仅好吃，而且具有很高的营养价值。开心果富含优质植物蛋白、不饱和脂肪酸，维生素、矿物质的含量也比较齐全，男女老少皆可食用。因为开心果含大量油脂，能够润肠通便，如果有便秘的困扰，不妨买点开心果吃吃看。家里要是有老人，也可以常买些开心果。因为开心果还有降血脂、降胆固醇的功效。可是，再好的开心果遇上双氧水，也会被“带坏”。

为什么呢？因为工业双氧水，含有很多对人体有害的工业废物杂质。工业双氧水和水、洗衣粉混合后，可以用来清理下水道。而且工业双氧水有很强的漂白作用，大多数时候人们都是用它来漂白皮毛、象牙、猪鬃，但决不能用它来漂白食品。这是因为它有非常强的刺激性，沾一点到眼睛里，几乎能让眼睛失明。另外，双氧水是爆炸性强氧化剂。双氧水自身不燃，但能与可燃物反应放出大量热量和氧气而引起着火爆炸。双氧水在 pH 值为 3.5 ~4.5 时最稳定，在碱性溶液中极易分解，在遇强光，特别是短波射线照射时也能发生分解。当加热到 100℃以上时，开始急剧分解。它与许多有机物如糖、淀粉、醇类、石油产品等形成爆炸性混合物，在撞击、受热或电火花作用下能发生爆炸。双氧

水与许多无机化合物或杂质接触后会迅速分解而导致爆炸，放出大量的热量、氧和水蒸气。大多数重金属（如铜、银、铅、汞、锌、钴、镍、铬、锰等）及其氧化物和盐类都是活性催化剂，尘土、香烟灰、炭粉、铁锈等也能加速分解。浓度超过74%的双氧水，在具有适当的点火源或温度的密闭容器中，会产生气相爆炸。

实验十三　化学平衡移动

化学平衡是指在宏观条件一定的可逆反应中，化学反应正逆反应速率相等，反应物和生成物各组分浓度不再改变的状态。可逆反应达到平衡状态以后，若反应条件（如浓度、温度、压强等）发生了变化，平衡混合物中各组分的浓度也会随之改变，从而在一段时间后达到新的平衡状态。这种由旧平衡向新平衡的变化过程，叫做化学平衡的移动。

在人民教育出版社出版的《高中化学（选修4）——化学反应原理》的第二章第三节中，首先利用固体溶质在饱和溶液中的溶解平衡引出化学平衡状态，接下来通过铬酸钾与重铬酸钾之间的可逆反应实验来演示增加生成物浓度、减小生成物浓度对化学平衡的影响；通过三价铁离子与硫氰酸根的配合反应来演示增大反应物浓度和减小反应物浓度对化学平衡的影响；通过将二氧化氮球浸泡在冷、热水中来演示温度对化学平衡的影响（如图5-8所示）。

实验2-5……………………………………………………………

已知在 $K_2Cr_2O_7$ 的溶液中存在着如下平衡：

$$Cr_2O_7^{2-} + H_2O \rightleftharpoons 2CrO_4^{2-} + 2H^+$$

$K_2Cr_2O_7$ 为橙色，K_2CrO_4 为黄色。

取两支试管各加入5mL 0.1mol/L $K_2Cr_2O_7$ 溶液，然后按下表步骤操作，观察并记录溶液颜色的变化。

实验2-6……………………………………………………………

向盛有5mL 0.005mol/L $FeCl_3$ 溶液的试管中加入5mL 0.01mol/L KSCN溶液，溶液呈红色。在这个反应体系中存在下述平衡：

$$Fe^{3+} + 3SCN^- \rightleftharpoons \underset{(红色)}{Fe(SCN)_3}$$

（1）将上述溶液均分置于两支试管中；向其中一支试管中加入饱和 $FeCl_3$ 溶液4滴，充分振荡，观察溶液颜色变化；向另一支试管中滴加4滴1mol/L KSCN溶液，观察溶液颜色变化。

（2）向上述两支试管中各滴加0.01mol/L NaOH溶液3～5滴，观察现象，填写下表。

实验2-7……………………………………………………

NO_2 球浸泡在冰水、热水中，观察颜色变化。

$$\underset{(红棕色)}{2NO_2(g)} \rightleftharpoons \underset{(无色)}{N_2O_4(g)} \quad \Delta H = -56.9kJ/mol$$

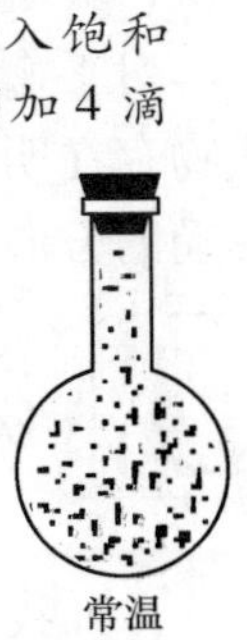
常温

图5-8　《高中化学》（人民教育出版社）中有关化学平衡移动的实验

手持技术最主要的特点就是能够采集并分析大量的实验数据，支持学生在实验中进行定量测量，特别是测量传统实验设备难以测量的变量，使学生不仅能观察到具体的实验现象而且能观察到数据化的实验现象，挖掘数据背后的化学原理。因此，我们可采用手持技术进行实验，探究浓度、温度、压强三个因素对化学反应平衡的影响。

原理微析

（1）浓度对化学平衡的影响。

$FeCl_3$ 和 KSCN 溶液混合反应后，可以建立以下平衡：

$$Fe^{3+} + SCN^- \rightleftharpoons [Fe(SCN)]^{2+}$$

$[Fe(SCN)]^{2+}$ 可以吸收蓝色光，溶液的颜色为红色。将溶液装入比色皿中，用色度计检测溶液的透光率，溶液中 $[Fe(SCN)]^{2+}$ 的浓度越大（溶液的颜色越深），对光的吸收程度越大，即透光率 T 越小。因此，改变反应物的浓度，通过检测溶液透光率的变化，可以分析 $[Fe(SCN)]^{2+}$ 浓度的变化，进而推知化学平衡的方向。

（2）温度对化学平衡的影响。

氯化钴与浓盐酸可发生配合反应，并建立以下平衡：

$$\underset{\text{(粉红色)}}{Co(H_2O)_6^{2+}(aq)} + 4Cl^-(aq) \rightleftharpoons \underset{\text{(蓝色)}}{CoCl_4^{2-}(aq)} + 6H_2O(l) \qquad \Delta H > 0$$

该反应为放热反应，升高温度后，平衡向生成粉红色的 $Co(H_2O)_6^{2+}$ 方向移动，降低温度，平衡向生成蓝色 $CoCl_4^{2-}$ 的方向移动。因此可通过检测溶液透光率的变化，推知化学平衡的方向。

（3）压强对化学平衡的影响。

对平衡体系 $2NO_2$（红棕色）$\rightleftharpoons$ N_2O_4（无色）来说，由于改变压强时反应物、生成物存在明显的颜色变化，所以我们可以通过色度传感器测定透光率来推断平衡移动的方向。

实验微探

我需要

药品：1mol/L KSCN、1mol/L $FeCl_3$、0.005mol/L KSCN、0.005mol/L $FeCl_3$、1mol/L NaOH、1mol/L HCl、浓硝酸、铜片、$CoCl_2$ 固体。

仪器：色度计、数据采集器、烧杯、移液管、针管注射器。

我要做

（1）浓度对化学平衡的影响。

将0.005mol/L的KSCN、$FeCl_3$溶液等体积混合，取适量分别注入3支比色皿中。采集比色皿中溶液的透光率，并分别加入2滴1mol/L的$FeCl_3$溶液、KSCN溶液、NaOH溶液、HCl溶液。

（2）温度对化学平衡的影响。

取少量的$CoCl_2$固体溶解于浓HCl中至紫色，分装于三支洁净试管中，分别将三支试管进行热水浴、空气浴和冰水浴。5min后分别测量三支试管内溶液温度及吸光度。

（3）压强对化学平衡的影响。

用浓硝酸与铜片制取少量的NO_2气体置于针管注射器中，将装满NO_2气体针管注射器插入比色皿，启动数据采集器按钮，先推动注射器，再拉伸注射器，观察透光率的变化。

会怎样

滴加1mol/L $FeCl_3$、1mol/L KSCN、1mol/L NaOH、1mol/L HCl溶液时的透光率变化分别如图5-9～图5-12所示。

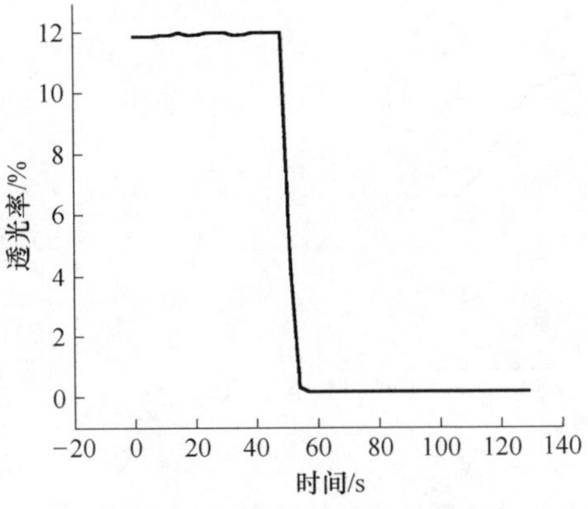

图5-9　滴加1mol/L $FeCl_3$溶液时的透光率变化

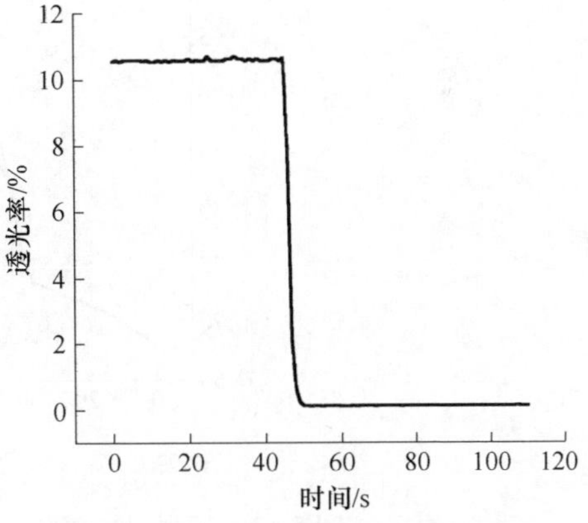

图5-10　滴加1mol/L KSCN溶液时的透光率变化

$CoCl_2$和浓盐酸混合溶液在不同温度下的透光率如表5-7所示。压强对二氧化氮和四氧化二氮平衡体系的影响如图5-13所示。

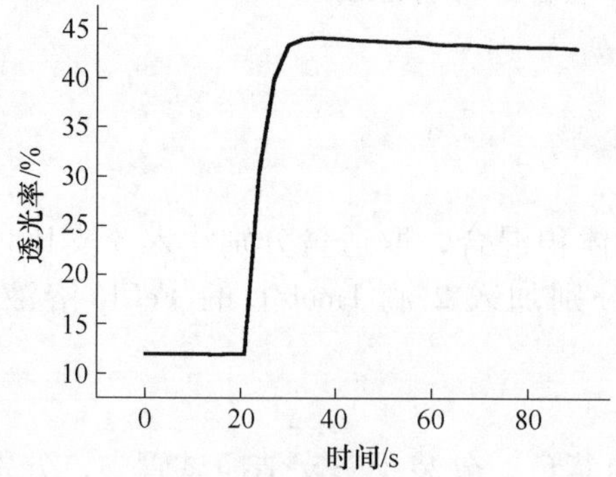

图 5-11　滴加 1mol/L NaOH 溶液时的透光率变化

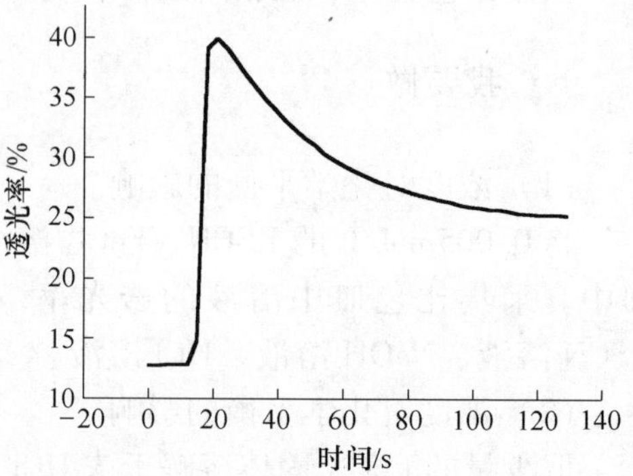

图 5-12　滴加 1mol/L HCl 溶液时的透光率变化

表 5-7　$CoCl_2$ 和浓盐酸混合溶液在不同温度下的透光率

编　号	反应条件	温度/℃	透光率 T/%
1	冰水浴	10. 6	58. 37
2	空气浴	27. 2	55. 38
3	热水浴	42. 7	53. 26

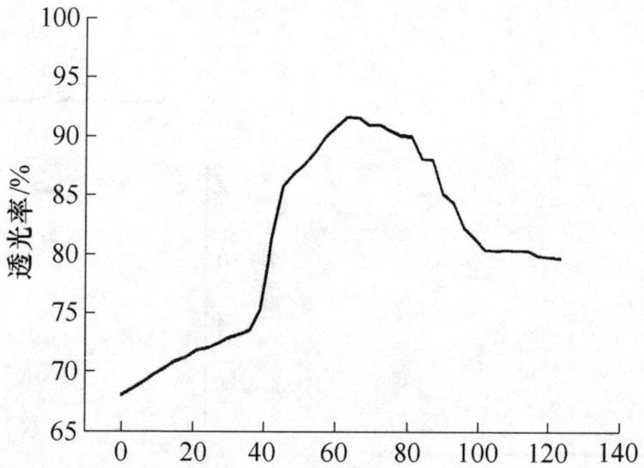

图 5-13　压强对二氧化氮和四氧化二氮平衡体系的影响

结果微评

（1）浓度对化学平衡的影响。

从图5-9、图5-10中数据可知，当反应物KSCN与$FeCl_3$浓度增大时，溶液的透光率减小，平衡向正反应方向移动；从图5-11、图5-12中数据可以看出，当分别加入了稀盐酸和氢氧化溶液后，反应物浓度减小，透光率增大，说明平衡向逆反应方向移动。由此得出结论：增大反应物的浓度，反应向正方向进行；减小反应物的浓度，反应向逆方向进行。

（2）温度对化学平衡的影响。

氯化钴与浓盐酸的反应为放热反应，由表5-7中的数据可知，将其进行热水浴加热时，溶液透光率较低，说明平衡向正反应方向移动；当溶液进行冰水浴时，溶液的透光率较高，说明平衡向逆反应方向移动。由此得出结论：温度升高，平衡向吸热方向移动，温度降低，反映向放热方向移动。

（3）压强对化学平衡的影响。

由图5-13可知，推动注射器后，压强增大，透光率增大，即反应向气体体积减小的方向移动，而拉伸注射器，压强减小，透光率减小，即反应向气体体积增大的方向移动。由此得出结论：增大压强，反应向气体体积减小的方向进行；减小压强，反应向气体体积增大的方向进行。

精题微考

（2011浙江高考）某研究小组在实验室探究氨基甲酸铵（NH_2COONH_4）分解反应平衡常数和水解反应速率的测定。

（1）将一定量纯净的氨基甲酸铵置于特制的密闭真空容器中（假设容器体积不变，固体试样体积忽略不计），在恒定温度下使其达到分解平衡：$NH_2COONH_4(s) \rightleftharpoons 2NH_3(g) + CO_2(g)$。实验测得不同温度下的平衡数据列于下表。

温度/℃	15	20	25	30	35
平衡总压强/kPa	5.7	8.3	12	17.1	24
平衡气体总浓度/$mol \cdot L^{-1}$	2.4×10^{-3}	3.4×10^{-3}	4.8×10^{-3}	6.8×10^{-3}	9.4×10^{-3}

1）可以判断该分解反应已经达到化学平衡的是__________。

a. $2v(NH_3) = v(CO_2)$

b. 密闭容器中总压强不变

c. 密闭容器中混合气体的密度不变

d. 密闭容器中氨气的体积分数不变

2）根据表中数据，计算25.0℃时的分解平衡常数：__________。

3）取一定量的氨基甲酸铵固体放在一个带活塞的密闭真空容器中，在25℃下达到分解平衡。若在恒温下压缩容器体积，氨基甲酸铵固体的质量__________

（填“增加”“减小”或“不变”）。

4）氨基甲酸铵分解反应的焓变 ΔH ______ 0，熵变 ΔS ______ 0（填“>”“<”或“=”）。

（2）已知：$NH_2COONH_4 + 2H_2O \rightleftharpoons NH_4HCO_3 + NH_3 \cdot H_2O$。该研究小组分别用三份不同初始浓度的氨基甲酸铵溶液测定水解反应速率，得到 $c(NH_2COO^-)$ 随时间变化趋势如下图所示。

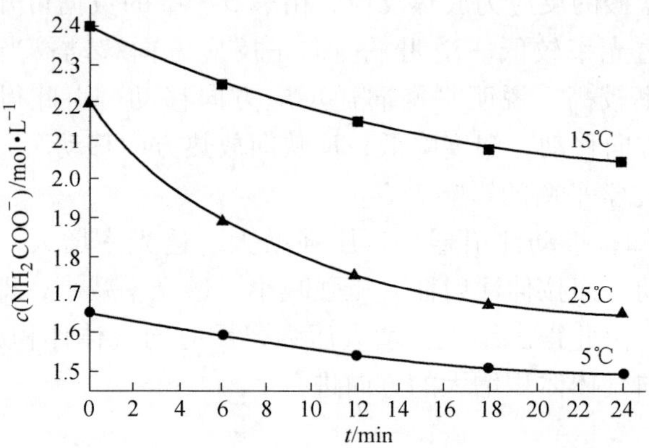

5）计算25℃时，0～6min 氨基甲酸铵水解反应的平均速率__________。

6）根据图中信息，如何说明水解反应速率随温度升高而增大：__________。

百科微赏

勒夏特列原理在工业中的应用

导语

勒夏特列一生发现、发明众多，最主要的成就是发现了平衡原理，即勒夏特列原理。这一原理不仅适用于化学平衡，而且适用于一切平衡体系，如物理、生理甚至社会上各种平衡系统。

勒夏特列原理（又称平衡移动原理）是一个定性预测化学平衡点的原理，主要内容为：在一个已经达到平衡的反应中，如果改变影响平衡的条件之一（如温度、压强，以及参加反应的化学物质的浓度），平衡将向着能够减弱这种改变的方向移动。

勒夏特列原理是涉及平衡问题中最重要的一个原理。几乎所有的平衡移动的问题都可以用勒夏特列原理来解释和判断。勒夏特列原理的应用可以使某些工业生产过程的转化率达到或接近理论值，同时也可以避免一些并无实效的方案（如高炉加碳的方案），其应用非常广泛。

(1) 指导工业生产的进行。

以著名的哈伯法制氨反应为例：

$$N_2(g) + 3H_2(g) \rightleftharpoons 2NH_3(g)$$

首先氢气的来源可应用勒夏特列原理通过以下两个途径获取。

途径一，红热的焦炭与高温的水蒸气反应：

$$C + H_2O \rightleftharpoons CO + H_2$$

$$CO + H_2O \rightleftharpoons CO_2 + H_2$$

除去 CO_2（如制 NH_4HCO_3 等）后得氢气可促进反应向氢气的方向移动。此法优点是原料广，成本低，仍是今后工业生产氢气的主要途径。

途径二，利用天然气与水在催化剂和加热条件下反应制氢气：

$$CH_4 + H_2O \rightleftharpoons 3H_2 + CO$$

此法适合于在天然气产地使用，移去一氧化碳在促进反应向产生氢气的方向移动的同时，一氧化碳可以部分解决加热时煤不足的问题。

对于合成氨反应而言，该反应是一个气体体积缩小的可逆反应，加压有利于加快反应速率并增大反应程度，而由于该反应是放热反应，温度过高只有利于加快反应速率，不利于增大反应程度。因此，寻找合适的反应压强与温度，对合成氨工业尤为重要。经实验证实，压强为 $2\times10^7 \sim 5\times10^7$Pa，温度为 500℃ 左右，高压有利于加快反应速率，又有利于增大反应进行的程度。

(2) 指导工业生产如何提高效益。

近年来，某些自来水厂在用液氯进行消毒处理时还加入少量液氨，其反应的化学方程式为：

$$NH_3 + HClO \rightleftharpoons H_2O + NH_2Cl$$

NH_2Cl 较 HClO 稳定，加入液氨后，平衡正向移动，使 HClO 以 NH_2Cl 形式较稳定存在。当需要 HClO 时（即消耗 HClO 时），平衡左移，又产生 HClO，起杀菌作用。

(3) 指导工业生产如何除杂。

工业生产的原料气中常常会含有一些杂质性物质，如不除去，则会使催化剂中毒或对生产设备造成腐蚀、降低反应速率而影响生产效率等，给工业生产带来负面影响，因此，一定要选择合适的物质对原料气进行除杂、净化。例如，合成氨工业中，原料气（N_2、H_2 及少量 CO、NH_3 的混合气）在进入合成塔前常用醋酸二氨合铜溶液来吸收原料中的 CO，其反应为：

$$[Cu(NH_3)_2]Ac + CO + NH_3 \rightleftharpoons [Cu(NH_3)_3]Ac \cdot CO \qquad \Delta H < 0$$

在醋酸二氨合铜吸收 CO 的过程中，通过加压、适当降温、增大 $[Cu(NH_3)_2]Ac$ 的浓度的方式，促进一氧化碳的吸收。吸收 CO 后的醋酸铜氨溶液经过加热、减压的处理又可再生，恢复其吸收能力以供循环使用。

(4) 指导工业生产如何处理尾气或废渣。

已知氢氧化钙在水中存在下列溶解平衡：在火力发电厂燃烧煤的废气中往往含有 SO_2、O_2、N_2、CO_2 等。为了除去有害气体 SO_2 并变废为宝，常常用粉末状的碳酸钙或熟石灰的悬浊液洗涤废气，反应产物为石膏 $[CaSO_4 \cdot 2H_2O]$。反应方程式为：

$$2SO_2 + O_2 + 2CaCO_3 = 2CaSO_4 + 2CO_2$$

$$2SO_2 + O_2 + 2Ca(OH)_2 = 2CaSO_4 + 2H_2O$$

氢氧化钙在水中存在下列溶解平衡：

$$Ca(OH)_2(s) \rightleftharpoons Ca^{2+} + 2OH^-$$

从氢氧化钙的溶解平衡来看，$Ca(OH)_2$ 微溶于水，石灰水中 $Ca(OH)_2$ 的浓度小，洗涤废气时吸收废气的量较少，且速率也较慢，故不用澄清石灰水。

实验十四　化学平衡常数的测定

化学平衡常数，是指在一定温度下，可逆反应无论从正反应开始，还是从逆反应开始，也不管反应物起始浓度大小，最后都达到平衡，这时各生成物浓度的化学计量数次幂的乘积除以各反应物浓度的化学计量数次幂的乘积所得的比值就是化学平衡常数。K 值大小只能预示某可逆反应向某方向进行的最大限度，但不能预示反应达到平衡所需要的时间。在一定条件下，某可逆反应的 K 值越大，说明平衡体系中生成物所占的比例越大，它的正反应进行的程度越大，即该反应进行得越完全，反应物转化率越大；反之，就越不完全，转化率就越小。化学平衡常数的测定方法很多，例如 pH 测定法、电导率法都可以测定弱酸的电离平衡常数，本实验采用的是传感器中的色度计来测定化学反应平衡常数。

词源微说

化学平衡状态

在一定条件下，当一个可逆反应的正反应速率与逆反应速率相等时，反应物的浓度与生成物的浓度不再改变，达到一种表面静止的状态，即“化学平衡状态”。

原理微析

对化学反应：

$$Fe^{3+} + SCN^- \rightleftharpoons [Fe(SCN)]^{2+}$$

其平衡常数：

$$K = [Fe(SCN)]^{2+}/([Fe^{3+}][SCN^-])$$

要想确定平衡常数，就必须确定反应物和生成物的浓度。反应物、生成物浓度的确定方法视反应物、生成物的性质而定。在该反应中，有红色 $[Fe(SCN)]^{2+}$ 生成，$[Fe(SCN)]^{2+}$ 的浓度越大（溶液的颜色越深），对光的吸收程度越大，即透光率 T 越小。我们将溶液的吸光度定义为 $A = \lg(1/T)$，则吸光度与配离子浓度符合以下关系式：

$$A = \lg(1/T) = Kc$$

式中，T 为透光率，可以用色度计测定；K 为一常数，它与溶液的性质和溶液液层的厚度有关；c 为溶液的浓度，mol/L。

由上式可知，两种浓度不同的溶液存在以下关系：

$$A_1/A_2 = c_1/c_2$$

式中，c_1 为标准溶液$[Fe(SCN)]^{2+}$的浓度；A_1 为标准溶液的吸光度，测定待测溶液的吸光度 A_2，由上式即可求出待测溶液中配离子的浓度 c_2（即平衡浓度）。再根据 Fe^{3+} 和 SCN^- 的初始浓度，求出平衡时各物质的浓度，代入平衡常数表达式中，就可以计算出该反应的平衡常数。

实验微探

我需要

药品：0.2 mol/L $Fe(NO_3)_3$ 溶液、0.002mol/L $Fe(NO_3)_3$ 溶液、0.002mol/L KSCN 溶液、浓 HNO_3。

仪器：色度计、数据采集器、烧杯、移液管。

我要做

（1）配制$[Fe(SCN)]^{2+}$标准溶液。在干燥洁净的小烧杯（编号为 1）中加入 10.00mL 0.2mol/L $Fe(NO_3)_3$ 溶液、2.00mL 0.002mol/L KSCN 溶液和 8.00mL H_2O，加 4 滴浓硝酸充分混匀，得 $c\{[Fe(SCN)]^{2+}\} = 2.00 \times 10^{-4}$ mol/L。

（2）配制待测溶液。在 2 ~ 5 号洁净干燥的小烧杯中，分别按照表 5-8 中的剂量配制溶液，其中 $Fe(NO_3)_3$ 溶液浓度是 0.002mol/L，KSCN 溶液浓度是 0.002mol/L，并加入 4 滴浓硝酸，混合均匀。

（3）采集实验数据。连接实验装置，校准色度计。依次测定四支试样和一个标准样的透光率，并记录数据。

表 5-8 待测溶液配制方法

烧杯编号	$V[Fe(NO_3)_3]$/mL	$V(KSCN)$/mL	V(蒸馏水)/mL
2	5.00	5.00	0.00
3	5.00	4.00	1.00
4	5.00	3.00	2.00
5	5.00	2.00	3.00

会怎样

经过分光光度计测定，待测溶液和标准溶液的透光率如表 5-9 所示，化学平衡常数测定的实验结果如表 5-10 所示。

表 5-9　实验数据

烧杯编号	透光率 T/%				lg(1/T)
	1	2	3	平均值	
1	0.260	0.270	0.270	0.270	2.569
2	0.780	0.779	0.780	0.780	2.108
3	3.170	3.170	3.170	3.170	1.499
4	6.886	6.887	6.885	6.886	1.162
5	16.368	16.369	16.368	16.368	0.786

表 5-10　化学平衡常数测定实验数据

烧杯编号		1	2	3	4	5
初始浓度	吸光度 A	2.569	2.108	1.499	1.162	0.786
	(Fe^{3+})/mol · L^{-1}	—	10×10^{-4}	10×10^{-4}	10×10^{-4}	10×10^{-4}
	(SCN^-)/mol · L^{-1}	—	10.00×10^{-4}	8.00×10^{-4}	6.00×10^{-4}	4.00×10^{-4}
平衡浓度	$[Fe(SCN)]^{2+}$/mol · L^{-1}	2.00	1.441×10^{-4}	1.167×10^{-4}	0.905×10^{-4}	0.612×10^{-4}
	$[Fe^{3+}]$/mol · L^{-1}	—	8.559×10^{-4}	8.833×10^{-4}	9.095×10^{-4}	9.388×10^{-4}
	$[SCN^-]$/mol · L^{-1}	—	8.559×10^{-4}	6.833×10^{-4}	5.095×10^{-4}	3.388×10^{-4}
	平衡常数 K	—	196.7	193.4	195.3	192.4
	平衡常数平均值 $\overline{K}$			194.5		

结果微评

利用色度计，测量平衡状态物质浓度，计算所得的平衡常数为 194.5。在实验过程中发现，标准溶液的准确度测量结果有较大的影响。因此，配制的标准溶液一定要准确，色度计一定要用蒸馏水进行校准。

精题微考

在一定温度下将 3mol CO_2 和 2mol H_2 混合于 2L 的密闭容器中，发生如下反应：

$$CO_2(g) + H_2(g) \rightleftharpoons CO(g) + H_2O(g)$$

（1）该反应的化学平衡常数表达式 $K=$__________。

（2）已知在 700℃时，该反应的平衡常数 $K_1=0.6$，则该温度下反应：CO(g) + H_2O(g) ⇌ CO_2(g) + H_2(g) 的平衡常数 $K_2=$__________。

(3) 已知在 1000℃ 时，该反应的平衡常数 K_4 为 1.0，则该反应为__________反应（填“吸热”或“放热”）。

(4) 能判断该反应达到化学平衡状态的依据是__________（填编号）。

a. 容器中压强不变

b. $c(CO_2)=c(CO)$

c. 生成 $a$mol CO_2 的同时消耗 $a$mol H_2

d. 混合气体的平均相对分子质量不变

(5) 在 1000℃ 下，某时刻 CO_2 的物质的量为 2.0mol，则此时正反应速率__________逆反应速率（填“>”“=”或“<”）。该温度下反应达到平衡时，CO_2 的转化率为__________。

百科微赏

化学平衡在生活中的应用

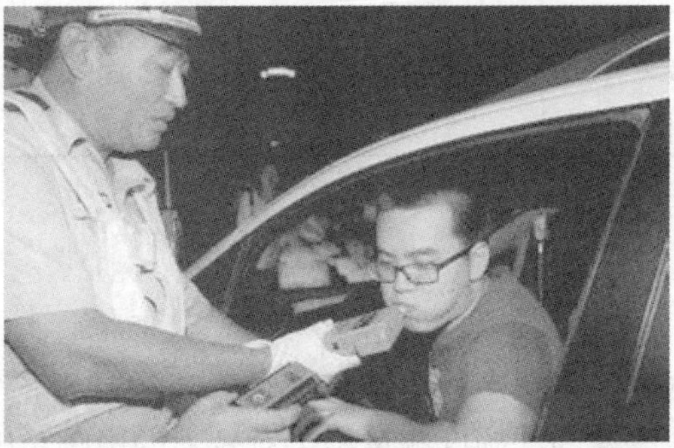

(1) 酒精检测仪中的化学平衡。

在公路上，常能见到交警拦下可疑车辆检查，请司机向一仪器中吹一口气，如果检测仪中橙红色的物质变为绿色，司机就要受到处罚，因为他饮酒后驾车，违反道路交通管理条例。酒精检测仪中的橙红色物质是重铬酸钾，人饮酒后，血液中酒精含量增多，人呼出的气体中有乙醇的蒸汽，遇到检测仪中的重铬酸钾，便发生如下的反应：

$$Cr_2O_7^{2-} + 3C_2H_5OH + 8H^+ \rightleftharpoons 2Cr^{3+} + 3CH_3CHO + 7H_2O$$

橙红色的 $Cr_2O_7^{2-}$ 转化为绿色的 Cr^{3+}，便能测出人呼出的气体中有乙醇成分。然而酒精检测仪中还要加入硫酸，一方面上述反应要在酸性溶液中进行，同时要防止 $Cr_2O_7^{2-}$ 转化为 CrO_4^{2-}。

(2) 洗涤剂的有效利用。

我们知道，油性污垢中的油脂成分因不溶于水而很难洗去。油脂的化学组成是高级脂肪酸的甘油酯，如果能水解成高级脂肪酸和甘油，那就很容易洗去。油脂水解的方程式是：

$$(RCOO)_3C_3H_5 + 3H_2O \rightleftharpoons 3RCOOH + C_3H_5(OH)_3$$

这是一个可逆反应，日常生活中以洗衣粉（或纯碱）作洗涤剂，其水溶液呈碱性，能与高级脂肪酸作用，使化学平衡向正反应方向移动。高级脂肪酸转化为钠盐，在水中溶解度增大，因此油污容易被水洗去。在日常生活中，洗衣粉等洗涤剂易溶于温水（特别是加酶洗衣粉）是由于温度升高，洗衣粉溶解度增大，即浓度较大。温水有利于酶催化蛋白质等高分子化合物水解，同时蛋白质的水解、油脂的水解都是吸热反应，适当提高水温，会使洗涤效果更佳，但也应该注意，一味追求高水温会降低酶的催化能力，使其失去活性，从而降低洗涤效果。

(3) 自来水消毒。

近年来，某些自来水厂在用液氯消毒自来水时，还加入少量液氨，要明确液氯作自来水消毒剂的原理：氯气与水发生反应生成盐酸和次氯酸，其中次氯酸有强氧化性，能杀灭水中细菌，其化学方程式为：

$$Cl_2 + H_2O \rightleftharpoons HCl + HClO$$

但是，次氯酸不稳定，受热或见光发生分解：$2HClO = 2HCl + O_2\uparrow$，使得消毒时间缩短，从而降低消毒的效果。当向氯水中加入液氨时，液氨与氯水中的次氯酸有如下反应：

$$NH_3 + HClO \rightleftharpoons H_2O + NH_2Cl$$

而 NH_2Cl 较 HClO 稳定。体系中的次氯酸同时满足两个平衡，其消毒杀菌后，由于浓度逐渐减小，使平衡向生成次氯酸的方向进行，当次氯酸浓度较高时，平衡向生成 NH_2Cl 的方向移动，相当于暂时“贮存”，避免其分解所带来的损失。这样就延长了液氯的消毒时间。

(4) 人体血液中的酸碱平衡

状态	非常不好	不好	最好	不好	非常不好
体液属性	酸中毒	酸性体质	酸碱平衡	碱性体质	碱中毒
综合液体	pH≤7.32	pH = 7.33 ~ 7.37	pH = 7.38 ~ 7.42	pH = 7.43 ~ 7.47	pH≥7.48
实际意义	出现在癌症、痛风患者或其他临床危重病患者当中，或情绪压力超重者	体能匮乏、智力低下，是人们极力避免的亚健康状态	体能充沛、智力强盛，是人类所追求的最佳健康状态	体能匮乏、智力低下，是人们极力避免的亚健康状态	如素食者或临床危重病患者当中的极端情况，或情绪异常者

人体血液的 pH 值是一个稳定的数值，正常值是 7.4 ±0.05。这一数值保证了在血液中进行的各种生化反应。人体新陈代谢产生的酸性物质和碱性物质进入血液，但血液的 pH 值仍会保持稳定，这是因为血液中有两对电离平衡，一对是 HCO_3^-（碱性）和 H_2CO_3（酸性）的平衡，另一对是 HPO_4^{2-}（碱性）和 $H_2PO_4^{2-}$（酸性）的平衡。下面以 HCO_3^- 和 H_2CO_3 的电离为例说明血液 pH 值稳定的原因。人体血液中 HCO_3^- 和 H_2CO_3 物质的量之比为 1∶20，维持血液的 pH 值为 7.4。当酸性物质进入血液时，电离平衡向生成碳酸的方向进行，过多的碳酸由肺部加重呼吸排出二氧化碳，减少的 HCO_3^- 由肾脏调节补充，使血液中 HCO_3^- 和 H_2CO_3 仍维持正常的比值，使 pH 值保持稳定。当有碱性物质进入人体血液，与 H_2CO_3 作用，上述平衡向逆反应方向移动，过多的 HCO_3^- 由肾脏吸收，同时肺部呼吸变浅，减少二氧化碳的排出，血液的 pH 值仍保持稳定。然而，当发生肾功能障碍、肺功能衰退或腹泻、高烧等疾病时，血液中的 HCO_3^- 和 H_2CO_3 比例失调，就会造成酸中毒或碱中毒。临床指标：血液 pH >7.35，为碱中毒；血液 pH <7.35，为酸中毒。

（5）大气臭氧层中的化学平衡。

地球表面有大气层覆盖，离地面 12km 以上的高空有一臭氧层，但它是地球生命的保护屏障。我们知道，太阳辐射对生命危害极大的是紫外线。当太阳辐射通过臭氧层时，被吸收了约 90% 的紫外线，或者说把这些紫外辐射的能量转变为热量，使地面生命免受伤害。这其中的奥妙就在于臭氧层里存在着以下动态平衡的缘故：

$$O_2 + O \rightleftharpoons O_3$$

现在来分析臭氧层中这一平衡是怎样建立的，又怎样把紫外辐射能转变为热能。首先，太阳辐射把高空的氧分子分裂为 2 个氧原子，性质异常活泼的氧原子跟氧分子结合成为臭氧。然后，在紫外线作用下，臭氧转化为氧气，并放出热量。这一反应被看作臭氧能吸收紫外线，即从能量角度看，相当于把紫外辐射能转变为热能。臭氧分解生成的氧气，又会被太阳辐射作用生成氧原子，氧原子又会和氧分子结合成为臭氧，臭氧又吸收紫外线分解成为氧气。因此在臭氧层中，O_3、O_2 和 O 处于动态平衡，构成了地球生命免受紫外线杀伤的天然屏障。

第六章　化学与生活

人类的生活离不开衣、食、住、行，而衣、食、住、行又离不开物质。在这些物质中，有的是天然存在的，如我们喝的水、呼吸的空气；有的是由天然物质改造而成的，如我们吃的酱油、喝的酒，是由粮食加工和经过化学处理得到的。更多的物质不是天然生成的，而是用化学方法由人工合成的，如消毒液、化肥、农药等。化学形形色色、无处不在。从生活中学化学，在生活中用化学，下面让我们一起开启第六章的学习，感受生活中化学的魅力！

实验十五　二氧化碳与温室效应的受控关系

“诺亚方舟”拯救了人类，这是圣经《创世纪》中惊心动魄的故事，也是美国大片《2012》中的故事。而如今的世界，面对全球变暖的威胁，“诺亚”的力量依然被全人类所期许。“全球变暖”已然超越了科学课题的狭窄范围，成为了全球性话题。那全球变暖究竟和二氧化碳有什么关系？我们可利用温度传感器进行二氧化碳与温室效应关系的受控对比试验。

词源微说

温室效应

温室效应是指透射阳光的密闭空间由于与外界缺乏热交换而形成的保温效应，就是太阳短波辐射可以透过大气射入地面，而地面增暖后放出的长波辐射却被大气中的二氧化碳等物质所吸收，从而产生大气变暖的效应。大气中的二氧化碳就像一层厚厚的玻璃，使地球变成了一个大暖房。如果没有大气，地表平均温度就会下降到 $-23℃$，而实际地表平均温度为 15℃，这就是说温室效应使地表温度提高 38℃。大气中的二氧化碳浓度增加，阻止地球热量的散失，使地球发生可感觉到的气温升高，这就是有名的“温室效应”。

原理微析

生活中我们可以见到的玻璃育花房和蔬菜大棚就是典型的温室。使用玻璃或透明塑料薄膜来做温室，是让太阳光能够直接照射进温室，加热室内空气，而玻璃或透明塑料薄膜又可以不让室内的热空气向外散发，使室内的温度保持高于外界的状态，以提供有利于植物快速生长的条件。之所以称这一效应为温室效应，亦与此原理有关。根据这一原理，我们用试管收集不同浓度的二氧化碳，并进行光照，在光照的过程中，通过温度传感器记录光照过程中温度的变化，从而探究出二氧化碳与温室效应的受控关系。

实验微探

我需要

药品：大理石、稀盐酸。

仪器：铁架台、试管、单孔橡胶塞、针管、玻璃导管、胶皮管、无孔橡胶塞、温度传感器、1 个 100W 的灯泡、黑布。

我要做

（1）收集二氧化碳气体，使试管内 CO_2 的含量分别为 10%、20%、30%、40%、50%、60%、70%、80%、90%、100%，并用橡胶塞塞紧。

（2）将数据采集器、温度传感器、计算机及其相应的软件相连接，并将温度传感器置于空气中，测定室温待其数据稳定。

（3）把试管固定在铁架台上，在试管后放一片黑布，将温度传感器插入试管中，用 100W 的灯泡照射试管（如图 6-1 所示），开始采集数据，6min 后停止采集。观察数据变化情况。在上午和下午分别进行上述实验。

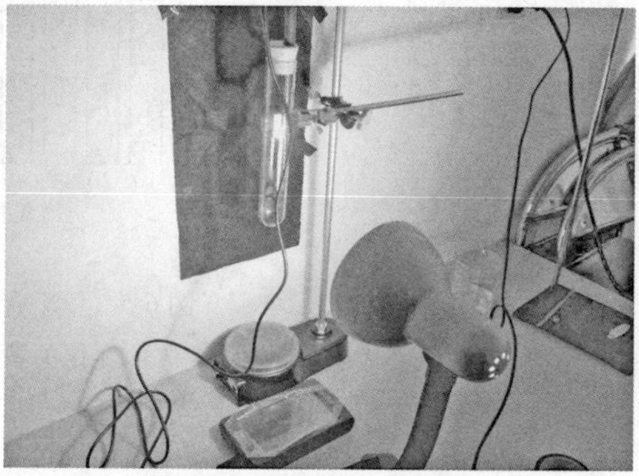

图 6-1　实验装置

会怎样

上午，CO_2 含量与温度变化关系如图 6-2 所示，CO_2 含量与前后温差变化关系如图 6-3 所示。下午，CO_2 含量与温度变化关系如图 6-4 所示，CO_2 含量与前后温差变化关系如图 6-5 所示。

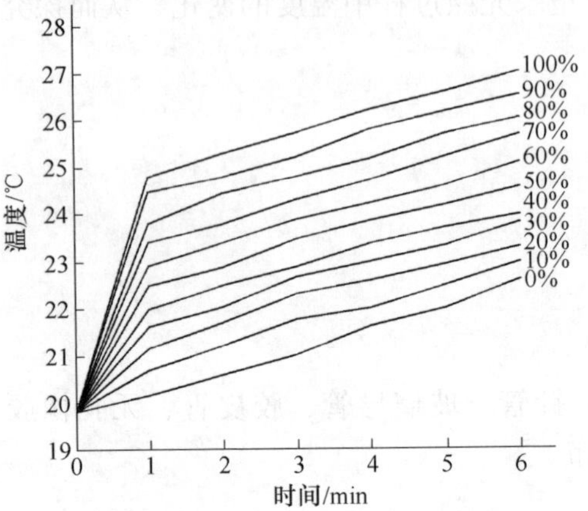

图 6-2　CO_2 含量与温度变化关系（上午）

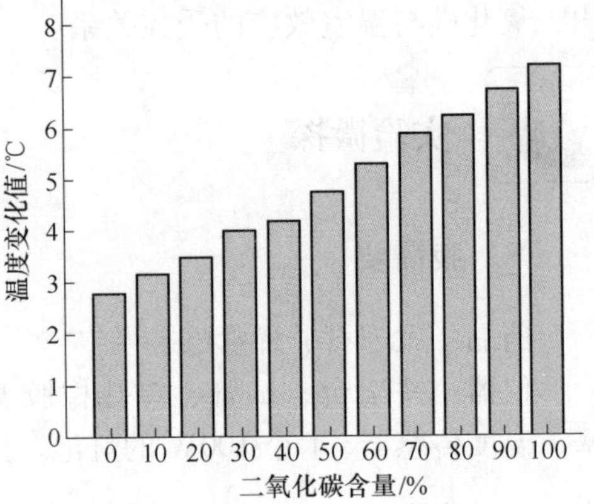

图 6-3　CO_2 含量与前后温差变化关系（上午）

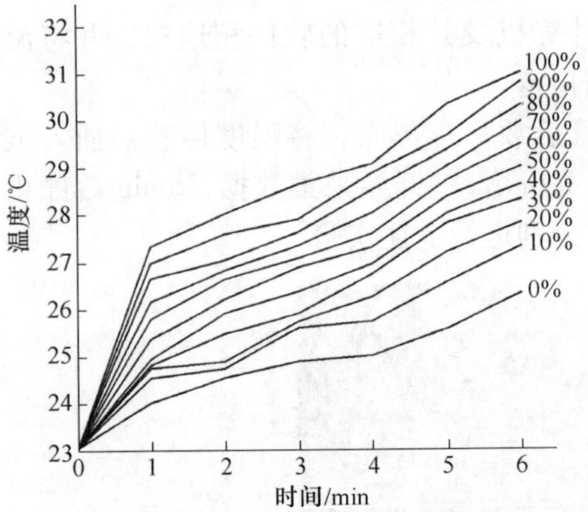

图 6-4　CO_2 含量与温度变化关系（下午）

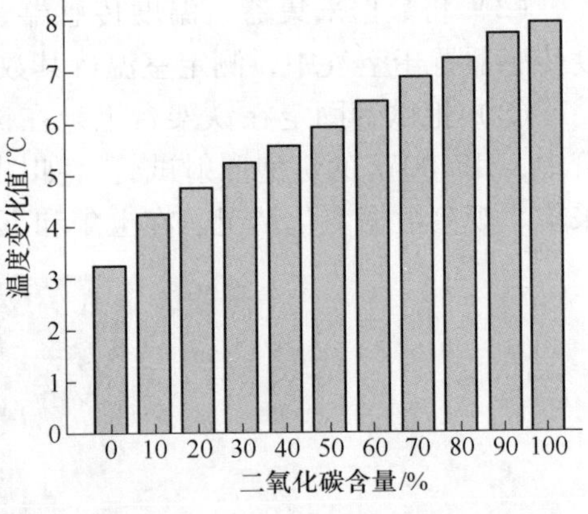

图 6-5　CO_2 含量与前后温差变化关系（下午）

结果微评

通过图 6-2 ~ 图 6-5 我们可以看到，随着 CO_2 含量的升高，试管内温度也呈现逐渐升高的趋势，由此可推测：作为温室气体的二氧化碳在大气层中的含量，将直接影响着全球的气温，这就是说二氧化碳气体的含量上升与下降直接影响着全球气温的上升与下降。

精题微考

环境问题是人类可持续发展必须解决的一个重要问题，温室效应被列为21世纪人类面临的最大威胁之一，已引起人们的广泛关注。旨在限制发达国家温室气体排放量、抑制全球范围内气候持续变暖的《京都议定书》，已于2005年2月16日正式生效。

（1）二氧化碳是大气中的主要温室气体，我国二氧化碳的排放量位居世界第二，为减少二氧化碳这种温室气体的排放，我们可以采取的措施有（只填2种）：________________、______________。

（2）为减缓二氧化碳使全球变暖的趋势，有科学家提出大胆设想：将排放到空气中的二氧化碳压缩使其液化，然后将其压入到冰冷的深海中。但也有科学家担心海水中富含二氧化碳后酸度会增加，可能会杀死一些海洋生物，甚至会溶解掉部分海床，同时气候变化也可能改变海洋环流，把海底的二氧化碳又带回海面，另外把二氧化碳压入海底所消耗的能源可能会再增加二氧化碳的排放。

1）二氧化碳气体转变为液体时将会________能量（填“释放”或“消耗”）。

2）二氧化碳使海水酸度增加的原理用化学方程式表示为：__________。

3）二氧化碳在深海中的溶解度比在通常状况下的水中的溶解度______，原因是______________。

（3）我国科学家陈乾旺等研究成果表明，在440℃和800大气压条件下，二氧化碳和金属钠反应产生金刚石和碳酸钠，合成的金刚石最大达1.2mm，完全可以满足工业用途。

1）二氧化碳与金属钠反应生成金刚石和碳酸钠的化学方程式为：______________。

2）请从人类生存的角度分析，金刚石与水相比谁更宝贵？______。理由是：______________。

百科微赏

你看，你看，地球的脸

近百年，温室效应的加剧使得全球的气候逐渐变暖，与之同时，大气中的温室气体的含量也在急剧地增加，地球生态环境也在改变。

(1) 海平面上升。

地球上出现高温天气，导致海冰和极地冰盖不断融化，使海洋里的水量增多，就造成了海平面升高。科学家预测，如果格陵兰岛和南极的冰架继续融化，到2100年，海平面将比现在高出6m。这将淹没许多印尼的热带岛屿和低洼地区，以及迈阿密、纽约市的曼哈顿和孟加拉国。

(2) 融化的冰川。

观测冰川是否消融并不需要借助特殊设备。原来覆盖在苔原表面的冻土由于表面温度升高而融化后，现在上面生长着植被。喜马拉雅地区是除了北极之外全球最大的冰川聚集地，而现在那里的冰川却在以每年10~15m的速度迅速消融。

(3) 热浪侵袭。

2003年，横扫欧洲的致命热浪害死了约3.5万人，这可能是科学家在20世纪初开始跟踪的酷暑趋势的预兆。热浪不仅抑制人体的一些功能，更能害死人。在最近的50~100年中，酷热热浪的发生频率比往常高出了2~4倍。据预测，在未来40年中，还会有高过100倍的情况出现。

(4) 暴风雨和水灾。

专家用气候模型预测出，全球气温上升会对降水造成影响。但越来越频繁的超大风暴确实谁都不愿见到：在短短30年里，4~5级强烈飓风的发生频率几乎增加了1倍。温暖的海水增加了强烈风暴产生的可能性，给飓风提供了力量。科学家将海洋和大气的温度，与强暴风雨发生的概率关联起来。在过去几年中，美国和英国都经受了超强风暴和洪水的袭击，灾害中有很多人死亡，财产损失达数亿美元。

(5) 干旱。

当世界上的一些地方被风暴和泛滥的洪水袭击时，另一些地方却遭受着干旱的威胁。随着气候变暖，专家估计旱情可能至少增加66%。旱情的增加使供水量萎缩，并且导致农作物生产的质量下降。这使得全球的粮食生产和供给处于危险之中，人们面临饥饿威胁的危险越来越高。

（6）生物多样化丧失。

全球气温的上升，对物种生存的危害越来越大。如果年平均气温保持 1.1～6.4℃的增长速度，到 2050 年约 30% 的现有动植物会面临着灭绝的威胁。这些物种会因为荒漠化、森林砍伐、海洋变暖、无法适应气候等原因而灭绝，人类也不能幸免。

实验十六　明矾净水实验的探究

明矾净水实验是九年级化学中的一个重要的实验，传统实验通过目测的方法比较净水前后溶液的澄清程度，若只是细微的变化，实验者则难以察觉到。传统实验无法对净水过程的全貌作整体的表征，只能借助对比实验（实验组加明矾，对照组不加明矾实验）的方式来比较两者的澄清程度来说明相关问题，若要进行多因素对明矾净水效果的探讨，则难于找到一个有效的参比标准比较净水效果。为比较不同体系间的净水效果提供一个可操作的比较标准，可利用手持技术中的混浊度传感器实现明矾净水多因素的比较研究。

原理微析

明矾($KAl(SO_4)_2 \cdot 12H_2O$)在水中可以发生如下电离：

$$KAl(SO_4)_2 = K^+ + Al^{3+} + 2SO_4^{2-}$$

而Al^{3+}很容易水解，生成胶状的$Al(OH)_3$：

$$Al^{3+} + 3H_2O \rightleftharpoons Al(OH)_3 + 3H^+$$

$Al(OH)_3$胶体的吸附能力很强可以吸附水中悬浮的杂质，并形成沉淀，使水澄清。

影响明矾净水效果的因素比较复杂，主要包括：水温、水的 pH 值、杂质性质和浓度、明矾用量等。考虑到实际教学需要，我们可从浊液 pH 值、明矾用量、不同助凝剂三个方面来探究明矾净水效果。

实验微探

我需要

药品：饱和明矾溶液、氢氧化钠、盐酸、碳酸钠、碳酸氢钠、硅酸钠。

仪器：pH 传感器、混浊度传感器、数据采集器、计算机、烧杯。

我要做

(1) 浊液 pH 值的影响。

根据溶度积原理，溶液的 pH 值对氢氧化铝胶体的形成有很大的影响。因此，调节悬浊液的 H^+ 浓度，可能会改变悬浮固体小颗粒的沉降速度。取同一悬浊液，pH 值从 4～11 进行调节，滴加 3 滴饱和明矾溶液，用混浊度传感器测量净水 6min 前后悬浊液的浊度。

（2）明矾用量的影响。

调节悬浊液的 pH = 10.6，量取 15mL 浊液倒入比色瓶中，分别加入 1 滴、2 滴、4 滴、8 滴饱和明矾溶液，旋上盖子，上下晃动几次后放进混浊度传感器槽中，测量净水 6min 前后悬浊液的浊度。

（3）不同助凝剂对明矾净水效果的影响。

悬浊液的酸度调节为 pH = 10.6，取 15mL 悬浊液后按表 6-1 加入助凝剂，然后滴加 4 滴明矾溶液，测量净水 6min 前后悬浊液的浊度。

会怎样

（1）浊液 pH 值的影响。

不同 pH 值下明矾净水混浊度变化曲线如图 6-6 所示。

（2）明矾用量的影响。

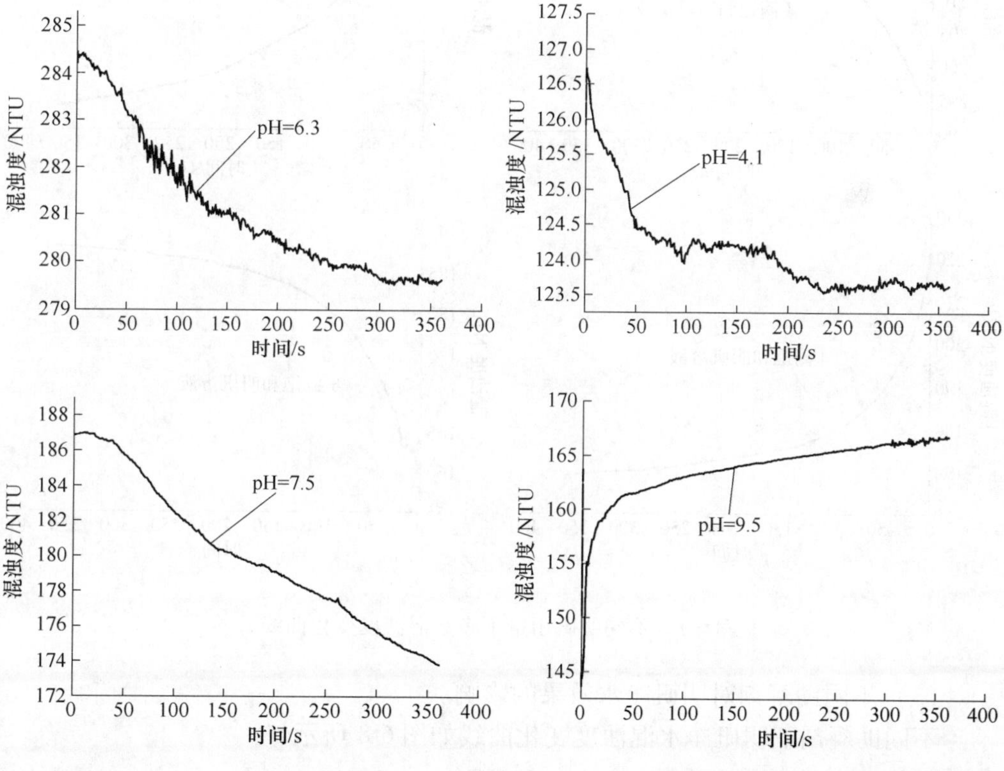

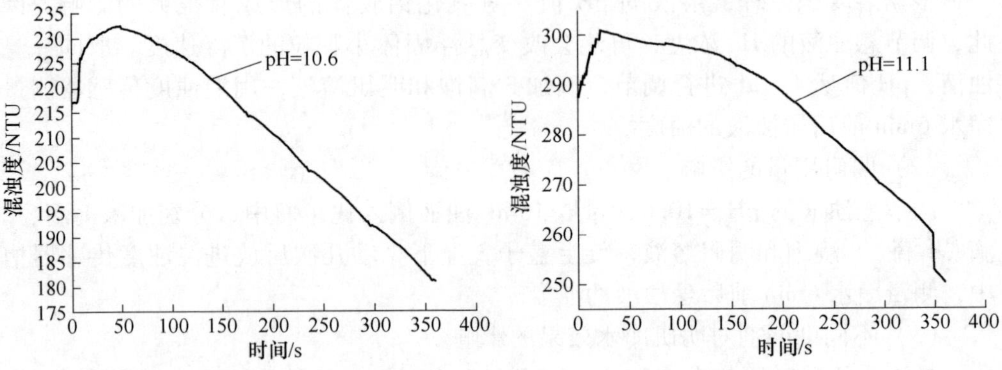

图 6-6　不同 pH 值下明矾净水混浊度变化曲线

不同明矾用量下净水混浊度变化曲线如图 6-7 所示。

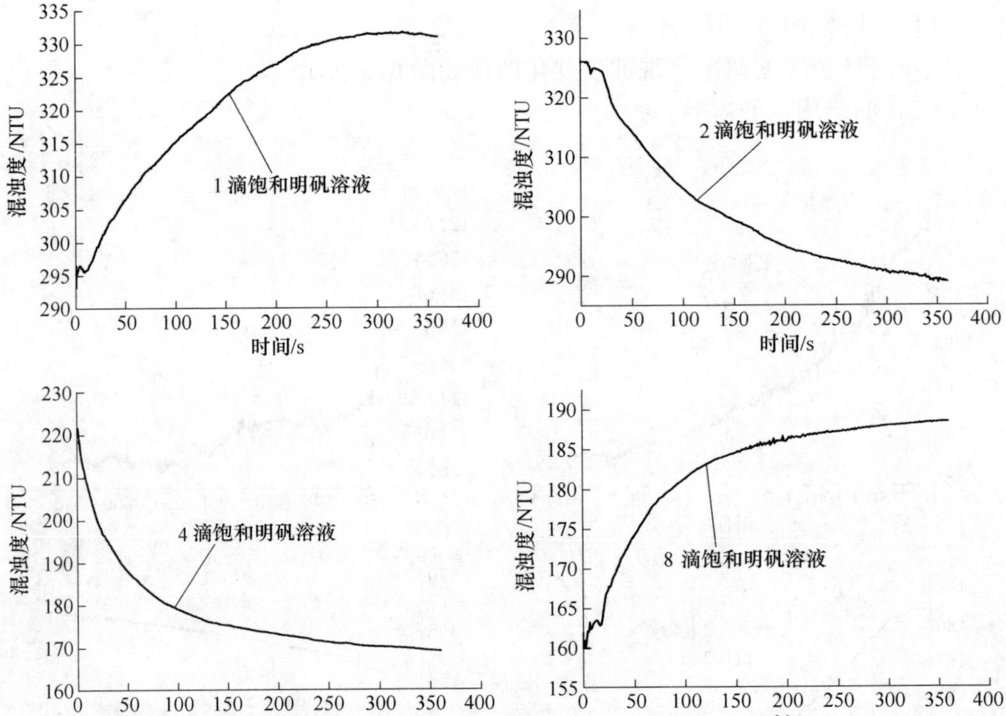

图 6-7　不同明矾用量下净水混浊度变化曲线

（3）不同助凝剂对明矾净水效果的影响。

不同助凝剂下明矾净水混浊度变化曲线如图 6-8 所示。

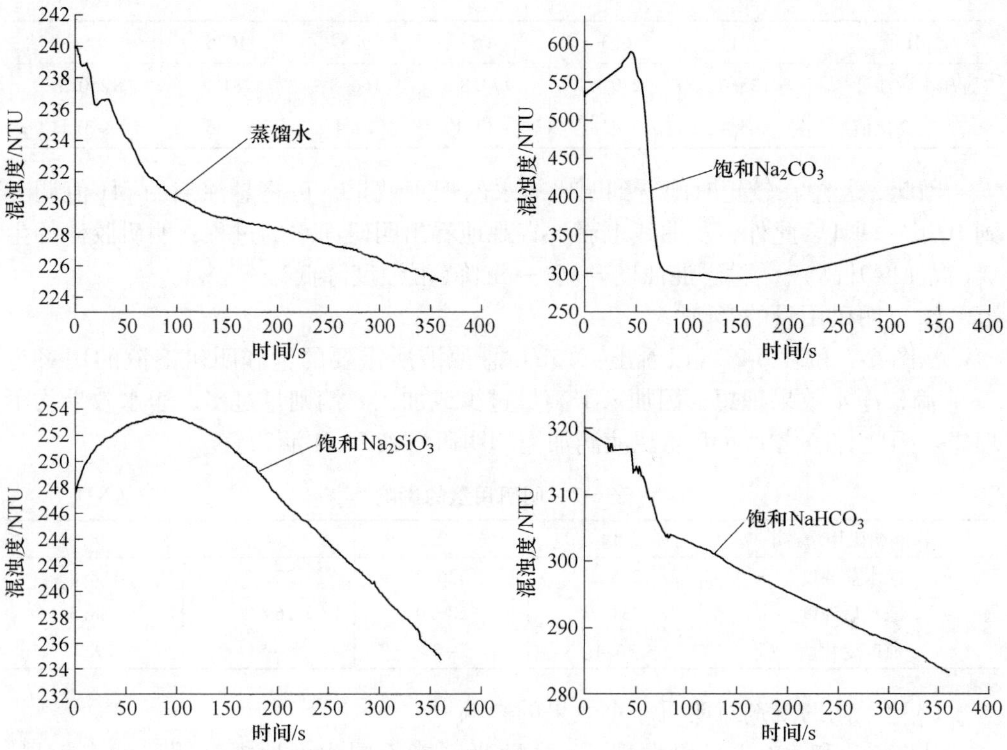

图 6-8　不同助凝剂下明矾净水混浊度变化曲线

结果微评

（1）浊液 pH 值的影响。

结合图 6-6 和表 6-1 可知：

1）pH = 4.1 ~ 7.5，混浊度的变化是自然沉降所导致的，几乎没有氢氧化铝胶体生成。

2）pH = 9.5，产生氢氧化铝胶体，浊度也随之缓慢增大，且在 6min 内未能及时沉降。

3）pH = 10.6 ~ 11.1，迅速产生氢氧化铝胶体，浊度快速增大，约 1.5min 迅速沉降，6min 内悬浊液变得较澄清。

表 6-1　浊液 pH 值对明矾净水的影响　　（NTU）

pH 值	4.1	6.3	7.5	9.5	10.6	11.1
净水前浊度	127.0	284.4	186.9	146.4	217.1	287.6

续表 6-1

pH 值	4.1	6.3	7.5	9.5	10.6	11.1
净水后浊度	123.6	279.6	173.8	166.8	181.1	250.3
浊度变化值	-3.4	-4.8	-13.1	20.4	-36	-37.3

因此，若想在较短时间看到明矾净水的理想效果，可将悬浊液的 pH 值调节到 10.6～11.1。此外，从曲线上看，直观地看出明矾净水的过程：明矾胶体的生成(混浊度升高)—絮凝(混浊度升高)—沉降(混浊度降低)。

(2) 明矾用量的影响。

从图 6-7 和表 6-2 可以看出：15mL 悬浊液所需要的饱和明矾溶液的用量为 2～4 滴，净水效果理想；因加入 1 滴量过少或加入 8 滴则量过多，净水效果均不理想。因此，净化 15 mL 悬浊液滴加饱和明矾溶液 2～4 滴为宜。

表 6-2 明矾用量的影响 (NTU)

饱和明矾用量/滴	1	2	4	8
净水前浊度	295.3	326.0	222.2	158.8
净水后浊度	331.7	289.0	169.2	188.5
浊度变化值	36.4	-37	-53	29.7

(3) 不同助凝剂对明矾净水效果的影响。

从图 6-8 和表 6-3 可以发现：3 种助凝剂能不同程度地提高明矾净水效果，饱和 Na_2CO_3 溶液的助凝效果显著高于 Na_2SiO_3 和 $NaHCO_3$，其次为 $NaHCO_3$。

表 6-3 不同助凝剂对明矾净水效果的影响 (NTU)

助凝剂 3 滴	蒸馏水	饱和碳酸钠	饱和硅酸钠	饱和碳酸氢钠
净水前浊度	239.8	534.3	250.6	319.5
净水后浊度	225.0	344.4	233.2	283.2
浊度变化值	-14.8	-189.9	-17.4	-36.3

词源微说

助 凝 剂

从广义上讲，凡是不能在某一特定的水处理工艺中单独用作混凝剂但可以与混凝剂配合使用而提高或改善凝聚和絮凝效果的化学药剂均可称为助凝剂。助凝剂可用以调节或改善混凝的条件，例如当原水的碱度不足时可投加石灰或重碳酸钠等。助凝剂也可用以改善絮凝体的结构，利用高分子助凝剂的强烈吸附架桥作用。使细小松散的絮凝体变得粗大而紧密，常用的有聚丙烯酰胺、活化硅酸、骨胶、海藻酸钠、红花树等。

精题微考

（2013·四川理综）明矾石经处理后得到明矾[$KAl(SO_4)_2 \cdot 12H_2O$]。从明矾制备 Al、K_2SO_4 和 H_2SO_4 的工艺过程如下图所示：

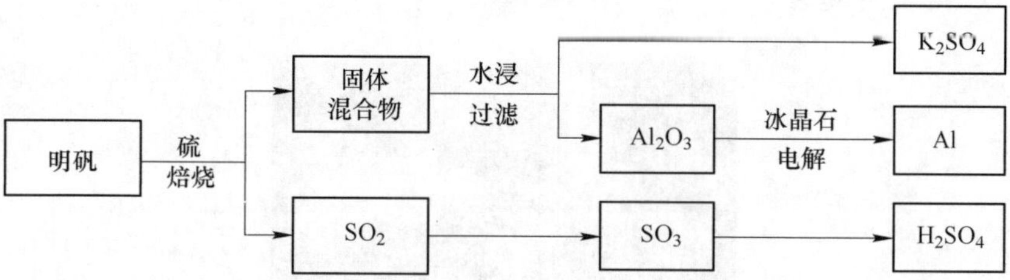

明矾制备 Al、K_2SO_4 和 H_2SO_4 的工艺过程焙烧明矾的化学方程式为：

$$4KAl(SO_4)_2 \cdot 12H_2O + 3S = 2K_2SO_4 + 2Al_2O_3 + 9SO_2 + 48H_2O$$

请回答下列问题：

（1）在焙烧明矾的反应中，还原剂是__________。

（2）从水浸后的滤液中得到 K_2SO_4 晶体的方法是__________。

百科微赏

新闻微述

国家卫计委等五部门规定，自 2014 年 7 月 1 日起，馒头、发糕等面制品（除油炸面制品、挂浆用的面糊、裹粉、煎炸粉外）不能添加含铝膨松剂硫酸铝钾和硫酸铝铵，也就是俗称的“明矾”，复合型膨松剂（即泡打粉）的主要成分也是上述两种物质。膨化食品中，不再允许使用任何含铝食品添加剂。

说文解字：明矾

（1）明矾的化学性质。

明矾的主要成分是硫酸铝钾（又名钾明矾）和硫酸铝铵（又名铵明矾）。

硫酸铝钾，学名“十二水硫酸铝钾”，分子式 $KAl(SO_4)_2 \cdot 12H_2O$，无色结晶或粉末。无气味，微甜而有涩味、有收敛性，又称钾铝矾、铝明矾，其晶体外表常呈八面体，有玻璃光泽。在干燥空气中风化失去结晶水，在潮湿空气中溶化淌水。易溶于甘油，能溶于水，水溶液呈酸性反应，水解后有氢氧化铝胶状物沉淀。

硫酸铝铵，$NH_4Al(SO_4)_2$，为无色、透明结晶体或白色粉末。其微溶于水、稀酸和甘油，水溶性呈酸性，不溶于醇。常以含12个结晶水的形态（十二水硫酸铝铵，俗名铵明矾，化学式 $NH_4Al(SO_4)_2 \cdot 12H_2O$）存在。

(2) 明矾用处多。

明矾是常用的复合膨松剂中的酸性剂，可用之处不少。我们常见的在烘焙中不可缺少的膨松剂泡打粉中就含有明矾，明矾与碳酸盐发生反应产生二氧化碳气体，使面胚起发，形成致密多孔组织，使产品膨松、柔软或酥脆；同时控制反应速度，充分提高膨松剂的效能。另外，还能调整食品酸碱度。

而对于水产加工制品如海蜇，明矾又是不可缺少的脱水剂。明矾遇水后呈酸性，可使海蜇保持凝固状态，在具有一定的厚度同时增加海蜇的弹性。明矾在鱼糜制品即食用鱼皮等产品加工过程中也偶有添加，主要起着护色、抗氧化和凝固等作用。

除此之外，食品级别的明矾在布丁中作防凝固剂和增稠剂；在蔬菜罐头食品中，调控酸碱度；在酱瓜等泡菜中作防腐剂和脱水剂；在芝士中作凝结剂和增稠剂；在一些特定的酒中作着色剂或加速一些烈酒澄清。

(3) 超量使用致铝在人体累积，危害健康。

虽然明矾用作食品添加剂历史悠久，但现代研究却发现明矾对人们健康

存在危害，主要体现在金属元素铝在人体内的慢性积累。明矾中的铝被人体吸收后很难排除体外，会残留在人的肺、骨骼、肝、脑、睾丸等处慢慢蓄积。铝的大量蓄积，会损害大脑及神经细胞，可能导致脑萎缩、痴呆等症状。近年来，很多研究指出铝与老年性痴呆有密切关系。蓄积在人体内的铝还可能引发贫血、骨质疏松等。此外，铝超标对儿童的影响更大，不仅影响儿童骨骼的生长，还会引起婴幼儿的神经发育受损导致智力发育障碍。但由于铝对人体的危害是一个缓慢、长期的过程，所以易被人们轻视，然而一旦发现时，却已经是后果比较严重、不可恢复的了。

（来源《中华网》）

实验十七　探究 84 消毒液的漂白性

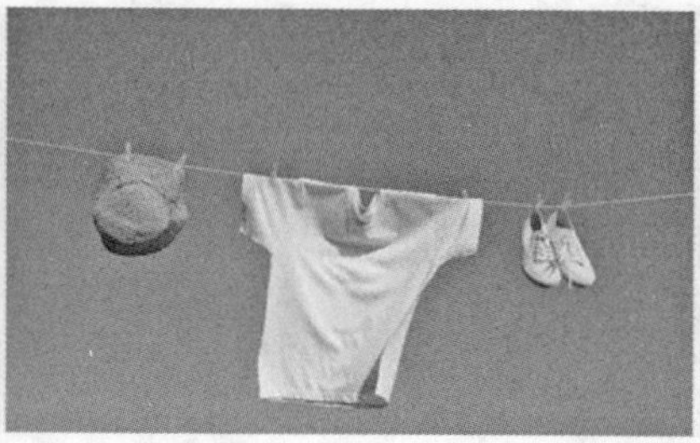

含氯消毒剂被广泛地应用于卫生消毒、衣物漂白，其使用过程蕴含着非常丰富的化学知识。以 84 消毒液为例，84 消毒液是一种以次氯酸钠为主的高效消毒剂，其产品说明如图 6-9 所示。84 消毒液具有漂白性，能够漂白衣物，那么 84 消毒液的漂白原理是什么？另外，产品标签指出：不能用热水稀释原液，且储存时 84 消毒液应放置在避光阴凉处。那么，温度及光照对 84 消毒液的漂白性又有什么影响？下面，让我们结合手持技术对其中的化学知识进行解密。

【产品名称】通用名称：84 消毒液。

【有效成分】次氯酸钠，有效氯 800～1000mg/L。

【主要用途】杀菌消毒。

【使用说明】适用于餐饮具、果蔬、织物，一般物体表面和公共场所环境的病毒。

【注意事项】1. 勿与洁厕灵等酸性清洁剂混用。
2. 勿用 40℃ 以上的热水稀释原液。

图 6-9　某牌 84 消毒液的部分产品说明

词源微说

84 消毒液

1984 年，地坛医院的前身北京第一传染病医院成功研制成一种能迅速杀灭肝炎病毒的消毒剂，经北京市卫生局组织专家鉴定，定名为“84 肝炎洗消液”，后更名为“84 消毒液”。

探究84消毒液漂白性的实质

原理微析

取少量含有酚酞的氢氧化钠溶液，在不断滴加了84消毒液后，溶液红色退去（如图6-10所示）。酚酞的变色范围是pH = 8.2～10.0，当酚酞遇见碱时，酚酞的结构会发生重排，由内酯式结构变为醌式结构，醌式结构中醌基是发色基团，溶液呈红色，而这种醌式结构，遇到强氧化剂时，显色结构会被破坏。另外，84消毒液的主要成分为次氯酸钠（NaClO），次氯酸钠溶液中存在ClO^-、HClO、Cl_2，且ClO^-、HClO、Cl_2都具有氧化性，当向含有酚酞的氢氧化钠溶液中滴加84消毒液后，溶液红色退去，退色过程中可能发生了如下的反应：

可能1：酚酞的显色范围是8.2～10.0，84消毒液中的HClO、Cl_2与NaOH发生反应，溶液的pH值降低到8.2以下，致使酚酞显无色。

可能2：具有氧化性的ClO^-、HClO、Cl_2将酚酞氧化，致使溶液中不存在酚酞，所以溶液红色退去。

可能3：以上两个可能同时发生。

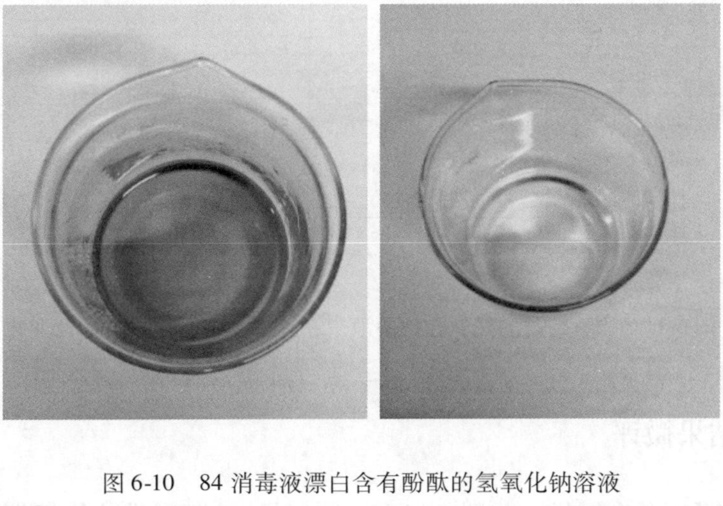

图6-10　84消毒液漂白含有酚酞的氢氧化钠溶液

为验证假设，通过pH传感器记录溶液漂白过程中的pH值；当溶液红色退去，观察溶液pH值变化，再次向溶液中滴加2滴酚酞溶液，观察溶液颜色变化。

实验微探

我需要

药品：0.1mol/L 氢氧化钠溶液、酚酞溶液、84 消毒液。

仪器：pH 传感器、磁力搅拌器、烧杯、胶头滴管、铁架台。

我要做

取 30mL pH = 13.0 的氢氧化钠溶液并加入 2 滴酚酞溶液，向溶液中缓慢滴加 84 消毒液，通过 pH 传感器测量记录溶液 pH；当溶液红色退去，观察溶液 pH 值变化，再次向溶液中滴加 2 滴酚酞溶液，观察溶液颜色变化。

会怎样

含有酚酞的氢氧化钠溶液中逐滴加入 84 消毒液 pH 值变化如图 6-11 所示。

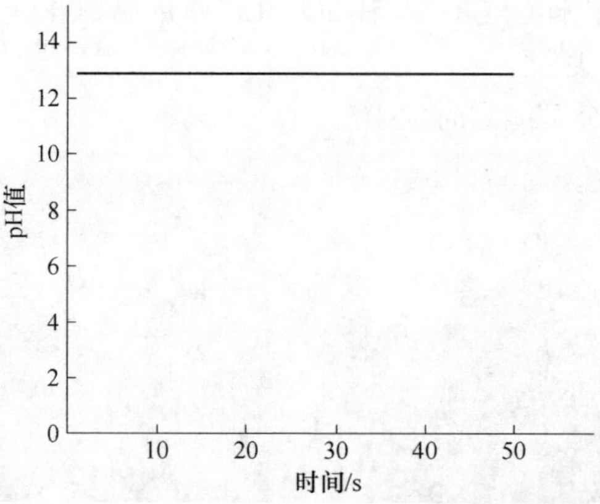

图 6-11　含有酚酞的氢氧化钠溶液中逐滴加入 84 消毒液 pH 值变化

结果微评

观察实验现象和图像（如图 6-11 所示），当向含有酚酞的氢氧化钠溶液中逐滴加入 84 消毒液后，溶液的 pH 值保持不变；向漂白后的溶液中滴加酚酞溶液，溶液再次变红。

滴加入 84 消毒液后，溶液的 pH 值保持不变，说明 84 消毒液中的 HClO、

Cl_2 没有与 NaOH 发生反应。向漂白后的溶液中滴加酚酞溶液，溶液再次变红，说明 84 消毒液漂白含有酚酞的氢氧化钠溶液的实质是具有强氧化性的 ClO^-、HClO、Cl_2 将酚酞氧化，即 84 消毒液的漂白性实质是其利用强氧化性将有色物质氧化为了无色物质。

探究84消毒液漂白性的影响因素

原理微析

标签和说明书是产品的语言，阅读 84 消毒液产品说明可知：酸度、温度及光照三个因素会影响 84 消毒液的漂白性能。

（1）酸度。

84 消毒液的主要成分次氯酸钠是一种强碱弱酸盐，次氯酸钠在水中会发生如下反应：

$$ClO^- + H_2O \rightleftharpoons HClO + OH^-$$

$$ClO^- + 2H^+ + Cl^- \rightleftharpoons Cl_2 + H_2O$$

因此，84 消毒液中的主要成分会随着氢离子浓度改变而改变。查阅文献可知，pH 值与次氯酸钠溶液的平衡关系如图 6-12 所示：当 84 消毒液的 pH 值小于 2 时，溶液中的主要成分为 Cl_2；当 pH 值为 4～6 时，溶液的主要成分为 HClO，当溶液的 pH 值大于 8 时，溶液中的主要成分为 ClO^-。因此，随着 84 消毒液溶液的 pH 值不同，溶液的主要组成成分会发生变化。

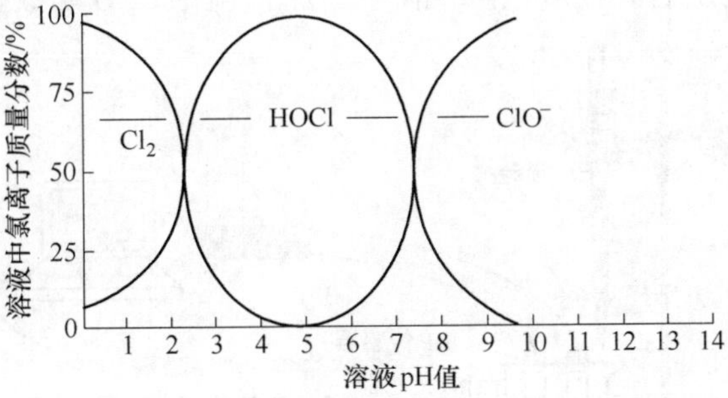

图 6-12　pH 值与次氯酸钠溶液体系的平衡关系图

另外，由上述探究可知，84 消毒液漂白性的实质是 84 消毒液具有强氧化性，而反应溶液氧化性最直观的参数就是氧化还原电位，因此我们利用氧化还原电位传感器测量不同 pH 值条件下的 ORP 来研究其氧化性的变化。

（2）温度及光照。

次氯酸钠溶液不稳定、易分解，而在光照和受热条件下分解速率加快，分解原理如下：

$$2ClO^- = 2Cl^- + O_2$$

$$3ClO^- = ClO_3^- + 2Cl^-$$

随着光照和温度升高，溶液中的有效氯质量分数降低，氧化能力也会改变。因此，我们利用氧化还原反应电位传感器测量不同温度和光照条件下溶液的 ORP 变化以研究温度和光照对 84 消毒液氧化能力的影响。

实验微探

我需要

药品：0.1mol/L 氢氧化钠溶液、酚酞溶液、84 消毒液。

仪器：pH 传感器、磁力搅拌器、烧杯、胶头滴管、铁架台。

我要做

（1）如图 6-13 所示连接实验装置，分别取 30mL 84 消毒液倒入烧杯中，将 pH 传感器和 ORP 传感器浸入到装有 84 消毒液的烧杯中；打开装有 0.5mol/L 稀硫酸溶液的酸式滴定管，向 84 消毒液中滴加稀硫酸；启动数据采集器，绘制加

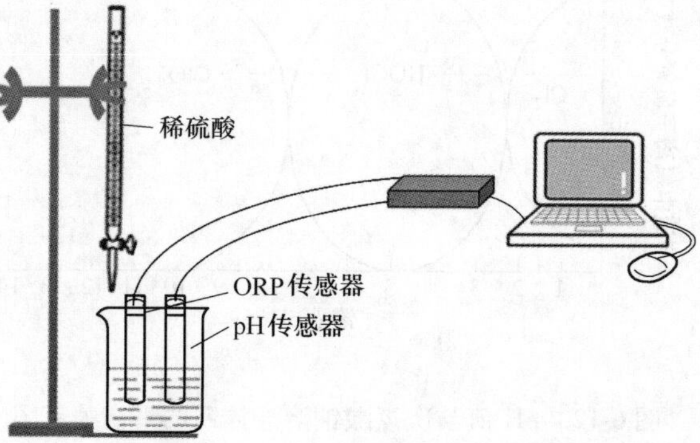

图 6-13 探究酸碱性对 84 消毒液漂白性的影响实验装置

入稀硫酸过程中 84 消毒液的 pH 值与 ORP 的变化曲线。

（2）取烧杯倒入 84 消毒液 30mL，将烧杯放置在 100W 白炽灯下光照，利用氧化还原电位传感器测量 ORP 变化。

（3）取四个烧杯，分别倒入 84 消毒液 30mL。将四个烧杯分别放入 20℃、30℃、40℃、50℃水浴中加热，绘制 ORP 变化曲线。

会怎样

pH 值对 84 消毒液 ORP 的影响如图 6-14 所示。光照对 84 消毒液氧化性的影响如图 6-15 所示。温度对 84 消毒液氧化性的影响如图 6-16 所示。

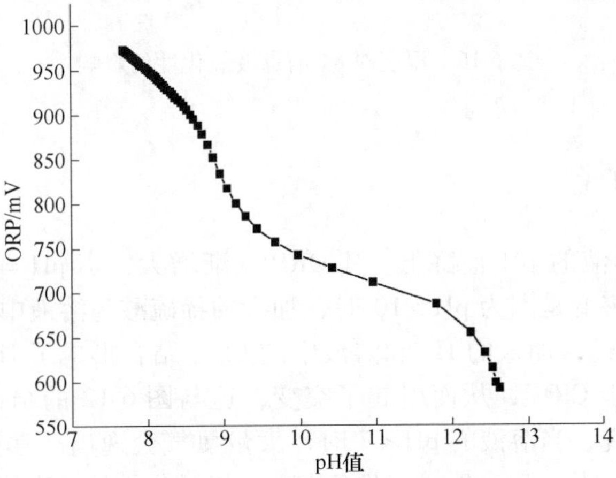

图 6-14　pH 值对 84 消毒液 ORP 的影响

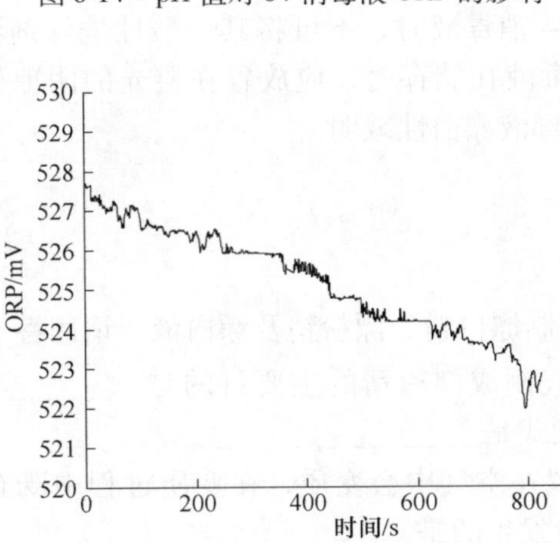

图 6-15　光照对 84 消毒液氧化性的影响

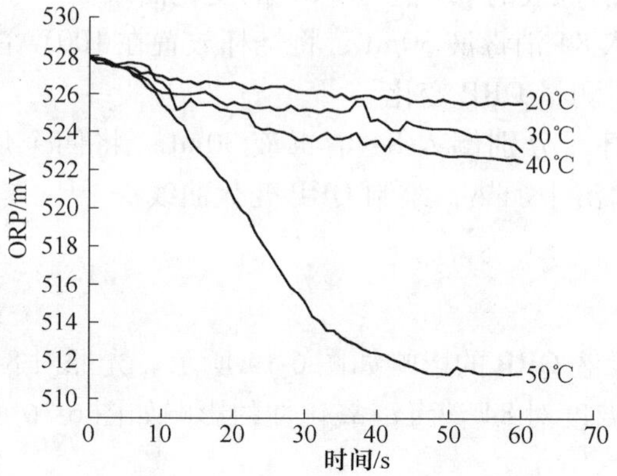

图 6-16 温度对 84 消毒液氧化性的影响

结果微评

随着 84 消毒液的 pH 值降低，其 ORP 逐渐增大，当 pH = 10.5 时，产生突变。之所以产生突变是因为 pH > 10 时，加入的稀硫酸与溶液中的 OH^- 反应，随着 OH^- 不断被消耗，加入的 H^+ 和溶液中的 ClO^- 结合形成了 HClO，且 HClO 的氧化能力远远大于 ClO^-，从而引起了突变，这与图 6-12 的结论相吻合。另外，在实验过程中发现，当溶液的 pH < 7 时，大量氯气会逸出。常温下，当 84 消毒液 pH 值为 8 ~13 时（pH < 8 时产生氯气），其氧化性随 pH 值降低而增大。另外，光照和温度过高也会降低 84 消毒液的漂白能力，如图 6-15、图 6-16 所示。

因此，家庭使用 84 消毒液时，不可将其与酸性洗涤剂混合使用，以防止产生有毒的氯气。84 消毒液在储存时，应放置在避光的阴凉处，在使用时不能用热水稀释，防止 84 消毒液漂白性减弱。

精题微考

工业上用 Cl_2 和碱制漂白粉、漂粉精及漂白液。请回答下面的问题：

（1）工业上将氯气制成漂粉精的主要目的是________________，制漂粉精的主要反应的化学方程式是________________。

（2）下列物质露置在空气中会变质，在变质过程中既有非氧化还原反应发生，又有氧化还原反应发生的是__________。

a. 生石灰　b. 漂白粉　c. NaOH　d. Na_2SO_3

（3）用贮存很久的漂白粉与浓盐酸反应制得的氯气中，可能含有的杂质气体是__________。

a. HCl　b. O_2　c. CO_2　d. H_2O（气）

百科微赏

几种常用的家庭洗涤剂

洗涤剂的产品种类很多，家庭常用的洗涤剂主要有洗衣粉、皂粉、肥皂、洗衣液、彩漂液等。

（1）洗衣粉。

洗衣粉是一种碱性的合成洗涤剂，去污力强、溶解性能好、使用方便，在抗硬水、泡沫丰富等方面都更胜一筹，属于性价比较高的洗衣清洁剂。但长时间使用洗衣粉会使衣服发灰发黄，白色衣物最为明显。

（2）皂粉。

普通洗衣粉中的表面活性剂，一般是以石油为原料合成而来，而皂粉的主表面活性剂则由天然油脂经简单皂化而来。与洗衣粉相比，洗衣皂粉通常具有更好的柔顺效果、有效减少衣物损伤、洗衣时泡沫少、易漂清等优点。

（3）肥皂。

肥皂的主要成分为硬脂酸钠，去污力强，但是它在硬水中与钙、镁离子发生置换反应会形成皂垢，皂垢黏附在衣物上，使被洗涤衣物板结，并在洗涤用具上形成污垢。

（4）洗衣液。

洗衣液是一种液态的衣物洗涤剂，水溶性好，冷水中也能迅速溶解，充分地发挥作用。相对洗衣粉来说，洗衣液碱性较低，性能较温和，不损伤衣物，使用更方便，但价格要比洗衣粉贵出不少。

（5）彩漂液。

彩漂液中配有一定的化学漂白剂或光学漂白剂。漂白剂的作用对象主要是有机色素污渍和部分蛋白污渍，它的作用机理是通过化学反应，放出原子氧，将衣物沾染的或自身泛黄形成的各种色素氧化成无色物质，从而使衣物恢复原有的鲜艳色彩。

第七章　化学与健康

人体是一台完美的生物机器，世界上没有哪一种高科技机器可以与之媲美。就人体本身而言可以戏称为“碳水化合物”，而人又生活在这个化学无处不在的世界，就不可避免地与化学有着千丝万缕的联系。作为一种鲜活生命体，其健康状况就直接决定这种生命体的发展程度。化学与健康有着哪些千丝万缕的关系呢？接下来，让我们一起进入第七章的学习。

实验十八　饮用水 pH 值和电导率的测定

水是每个人每天必不可少的物质，人体缺少水分的时候，就会出现各种各样的问题。水是人的生存基础，是人体各个系统正常工作的必要物质保证，也是生命活动不可缺少的关键要素。饮用水在人体水分的获取中发挥着重要作用，饮用水的优劣对健康有直接的影响。随着生活品质的不断提高，除了家庭常饮用的白开水，市面上出现的各种包装精致的饮用水，如矿泉水、纯净水、苏打水、天然弱碱水等也吸引了很多人的眼球。这些水，孰优孰劣，哪种类型更适合人饮用。下面，我们利用电导率传感器和 pH 传感器对饮用水进行测定。

新闻链接

当心牙齿被“酸掉”

近日，有新闻报道称，一名 19 岁的高中生因长期无节制地摄入饮料，最终酿成了严重后果，引发了牙齿“酸蚀症”，男孩的牙齿被拔掉 8 颗、折断 10 颗，皆因饮料酸蚀而腐烂，后期的治疗不仅复杂、费用高，最痛苦的是，年纪轻轻的却不得已像老人一样安上了假牙，且日后还需多次治疗。

原理微析

电导率指标是以数字表示溶液传导电流强弱的能力，溶液的电导率与溶液中的离子浓度及离子所带电荷有关。pH 值是水中或溶液中氢离子活度的负对数。pH 值指标和水中溶解物质的溶解度、化学形态、特性以及行为和效应有相关密切的关系。本实验利用手持技术测定几种饮用水的 pH 值、电导率，通过电导率指标与 pH 值指标简单分析饮用水的健康问题。

实验微探

我需要

药品：自来水、娃哈哈纯净水、农夫山泉、百岁山矿泉水、蒸馏水。

仪器：电导率传感器、pH 传感器、数据采集器、烧杯。

我要做

分别取自来水、娃哈哈纯净水、农夫山泉、百岁山矿泉水、蒸馏水各 30mL，并用电导率传感器和 pH 传感器分别测定其电导率指标与 pH 值。

会怎样

不同饮用水测量出的 pH 值与电导率如表 7-1 所示。

表 7-1 不同饮用水测量出的 pH 值与电导率

实验对象	pH 值	电导率/$\mu S \cdot cm^{-1}$
白开水	9.13	240.2
蒸馏水	7.02	31.7
自来水	8.09	252.7
娃哈哈纯净水	7.15	3.0
农夫山泉矿泉水	7.08	74.6
百岁山矿泉水	6.51	63.4

结果微评

经过反复测量，不同饮用水所测出的指标如表 7-1 所示，通过实验得出纯净水的电导率最低，因此，长期喝纯净水不利于补充矿物质。而不同品牌的矿泉水电导率不同，检测出的农夫山泉矿泉水的电导率虽然高于百岁山矿泉水，但却低于自来水的电导率，因此，在补充矿物质方面白开水并不比矿泉水差。另外，通过测量不同饮用水的 pH 值，发现白开水碱性最强，即说明煮沸过的自来水呈弱碱性。查阅资料发现，在自来水中存在钙离子、镁离子、碳酸氢根离子等，而加热煮沸后促进了碳酸氢根离子的水解，因此，白开水的 pH 值大于自来水。

结合以上分析，白开水的电导率较高且呈弱碱性，能够补充所需矿物质，也有益于维护体液的弱碱性环境的平衡。

精题微考

已知某温度下 CH_3COOH 和 $NH_3 \cdot H_2O$ 的电离常数相等，现向 10mL 浓度为 0.1mol/L 的 CH_3COOH 溶液中滴加相同浓度的氨水，在滴加过程中（　　）。

a. 水的电离程度始终增大

b. $\frac{c(NH_4^+)}{c(NH_3 \cdot H_2O)}$ 先增大再减小

c. $c(CH_3COOH)$ 与 $c(CH_3COO^-)$ 之和始终保持不变

d. 当加入氨水的体积为 10mL 时，$c(NH_4^+) = c(CH_3COO^-)$

百科微赏

喝水十大坏习惯

(1) 饮水机从不洗。

桶装水和饮水机无论在家庭还是办公、公共场所都已非常普遍，你有没有想过，用的饮水机自从放在那儿就再也没“洗过澡”。饮水机看似让人喝上好品质的水，实则“二次污染”很严重。每当打开饮水机龙头时，听到“咕噜”的声音，桶里翻出一串气泡，这就是有空气进入，灰尘及微生物就会被带入。据国家环境卫生监测部门检测数据显示，桶装饮水机内的冷热水胆 3 个月不洗就会大量繁殖细菌，如大肠杆菌、葡萄球菌等。因此，最好一月清洁一次，夏天两周清洁一次。办公室的饮水机因为使用频繁，更得勤加清洗。

(2) 自来水一烧开就喝。

喝白开水是种好习惯，但是你知道吗？水不能一烧开就喝。因为我们的自来水都经过氯化消毒，其中氯与水中残留的有机物结合，会产生卤代烃、氯仿等多种致癌化合物。中国农业大学食品科学与营养工程学院教授姜微波建议，烧水时，不妨采取三步走：首先将自来水接出来后先放置一会儿再烧；水快开时把壶盖打开；最后，水开后等 3 分钟再熄火，就能让水里的氯含量降至安全饮用标准，是真正的“开水”。

(3) 爱喝瓶装水。

瓶装水携带方便、开盖能喝，在中国，瓶装水消费正在以每年 30% 的速度递增。国际食品包装协会常务副会长董金狮却指出，瓶装水所使用的聚酯瓶往往含有可能导致人体慢性中毒的物质，尤其是当瓶子在高温环境中，或开启后没及

时喝掉，有害物质会渗入水中，危害健康。因此，瓶装水一定不能受热或暴晒。“很多人喜欢在车里放一箱水，这是不对的。尤其夏天，后备箱温度非常高，容易让有害物质进入水中。”董金狮建议，最好的办法是买个质量好的水壶自己带水，安全又环保。

（4）喝千滚水。

现在用电热水壶的家庭越来越多，很多人烧的水一次喝不完，过一会儿又重复烧开。这种千滚水最好别喝。很多人担忧饮水机中的水是不是千滚水，因材料限制，饮水机中水的最高温度一般为90℃左右，达不到沸腾的状态，不是千滚水。“但桶装水的最佳饮用时间是出厂后1～15天，一旦超过15天，水中的细菌过多，就不宜再饮用。”

（5）不渴不喝水。

国内一项调查数据显示，七成人都是发觉渴了才喝水。殊不知当你感到口渴的时候，你的身体至少已经流失了1%的水分。喝水不是为了解渴，而是让其参与新陈代谢，被人体吸收，长时间缺水会增加血液的黏稠度，诱发心脑血管疾病。同时，越不注意喝水，喝水的欲望就会越低，人就会变得越来越“干旱”。因此，不管渴不渴都要及时补水。外出时手里带上一瓶水，随时喝一口；办公室或家里多放上几个水杯，见缝插针，有机会就喝。

（6）每天喝不够6杯水。

上班一族常常会因工作关系疏忽了喝水，长此下去，膀胱和肾都会受损害。

《中国居民膳食指南》建议，在温和气候条件下生活的、轻体力活动的成年人，建议每天最少饮水 1200 毫升，大约 6 杯的量。如果活动量大，出汗多，则相应增加喝水量，及时补水。有人会问，之前一直说每天喝水不少于 2000 毫升也就是 8 杯水，为什么现在只有 1200 毫升？其实，2000 毫升是指人一天需要的水分总量，果蔬里含有大量水分，连主食、肉里都有，人体需要的水，很大一部分来自于食物中。6 杯是最低限的量，有些人则需要喝得更多。比如烦躁的人多喝水能舒缓心情，肥胖的人多喝水能保持体重，运动后、洗澡后也都要及时补充水分。

(7) 不按体质喝水、饮料代水。

“白开水没味，还是喝饮料吧。”很多孩子每天可乐、果味饮料不离手，用饮料代水，无异于花钱买身病。“不但起不到给身体补水的作用，还会降低食欲，影响消化和吸收。”赵飞虹说。如果一定要喝有味儿的水，也要根据自身体质，适当改善。比如便秘的人可以喝点蜂蜜水或者果蔬汁，能够促进肠道蠕动；而胃寒的人要少喝性寒的绿茶、凉茶、果汁，多喝暖胃的红茶、姜糖水。

(8) 晨起不喝水，到老都后悔。

早上起来的第一杯水是真正意义上的救命水，中老年人更应该注意。人体经过一夜代谢之后，身体的所有垃圾都需要洗刷一下。饮用一杯水可降低血液黏度，增加循环血容量。早晨这杯水最好选以下三种：第一种是清澈的水，白开水、矿泉水皆可，能够降低人体血液黏稠度；第二种是柠檬水，柠檬酸能够提升早晨的食欲；第三种是淡盐水，它对便秘的人非常有益。

(9) 吃咸了不马上补水。

吃太咸会导致高血压，也可导致唾液分泌减少、口腔黏膜水肿等。如果吃咸了，首先要做的就是多喝水，最好是纯水和柠檬水，尽量不要喝含糖饮料和酸奶，因为过量的糖分也会加重口渴的感觉。淡豆浆也是一种很好的选择，其中 90% 以上都是水分，而且还含有较多的钾，可以促进钠的排出，且口感比较清甜。

（10）睡前不喝水。

睡前不宜喝太多水，但可以稍微抿上两口，尤其是老人。当人熟睡时，由于体内水分丢失，造成血液中的水分减少，血液黏稠度会变高。临睡前适当喝点水，可以减少血液黏稠度，从而降低脑血栓风险。此外，在干燥的秋冬季节，水还可以滋润呼吸道，帮助人更好地入睡。

实验十九　枸杞中铁元素含量的测定

宁夏特产枸杞，有着“宁夏枸杞红耀五洲”的美誉。枸杞中富含枸杞蛋白多糖、铁、维生素C等营养成分，因其较高的药用价值和食用价值，是卫生部批准的药食两用食物。另外，枸杞的种植、保存以及枸杞中营养成分的测定和提炼等过程无不蕴含着深刻的化学知识。在高中化学鲁科版《实验化学》（选修）教材的主题3中，介绍了目视比色法测定补铁剂中铁元素的含量，枸杞中富含铁元素，若以枸杞作为主要补铁的食品，枸杞中铁元素的含量是多少？下面，我们利用手持技术中的色度传感器测定铁元素含量。

原理微析

将枸杞灼烧炭化后用酸浸湿，使枸杞中的铁元素转化为Fe^{3+}。Fe^{3+}与硫氰化钾反应：

$$Fe^{3+} + SCN^- \rightleftharpoons [Fe(SCN)]^{2+}$$

经过反应，生成深红色的、可吸收蓝光的$[Fe(SCN)]^{2+}$，且$[Fe(SCN)]^{2+}$浓度越大，溶液的颜色越深，透光率T越小。根据朗伯-比尔定律：

$$\lg(1/T) = Kc$$

可利用色度计分别测量不同浓度的$[Fe(SCN)]^{2+}$标准溶液的透光率，绘制出标准曲线。然后测定从枸杞样品中转化得到的$[Fe(SCN)]^{2+}$溶液的透光率，计算出相应的$\lg(1/T)$值，即可在标准曲线上查到对应的浓度。

实验微探

我需要

药品：枸杞、2mol/L稀硝酸、饱和KSCN溶液。

仪器：色度传感器、数据采集器、坩埚、酒精灯、100mL容量瓶量筒、烧杯、玻璃棒、移液管。

我要做

（1）配制100mL的标准 $Fe(NO_3)_3$ 溶液。在1～5号洁净干燥的小烧杯中分别按照表7-2的剂量配制 $Fe(NO_3)_3$ 标准溶液，并向标准溶液中加入饱和的KSCN溶液，混合均匀。

表7-2　$Fe(NO_3)_3$ 标准溶液配置剂量

烧杯编号	$V[Fe(NO_3)_3]/mL$ $c(Fe^{3+})=0.001mol/L$	$V(H_2O)/mL$
1	10.00	30.00
2	8.00	32.00
3	6.00	34.00
4	4.00	36.00
5	2.00	38.00

（2）绘制标准溶液曲线。连接色度计传感器与数据采集器，采集所配标准溶液的透光率，绘制标准曲线。

（3）准备样品溶液。称取烘干后的枸杞25g，置于研钵中磨碎成粉末状，再转移至坩埚中，进行灼烧炭化；将炭化后的枸杞溶解于10mL 2mol/L的稀硝酸中，过滤（若滤液不是澄清透明说明炭化不充分，可用活性炭进行脱色），滤液转移至1000mL的容量瓶中进行定容。

（4）测量样品溶液的透光率。取出10mL样品溶液，滴加2滴饱和的KSCN溶液，振荡摇匀；将其放入比色皿中，采集透光率。

（5）计算含量。通过标准曲线查找样品溶液对应的铁元素浓度，再计算枸杞中铁元素的含量。

会怎样

利用色度计测得的 $Fe(NO_3)_3$ 标准溶液的透光率如表7-3所示，绘制标准曲线如图7-1所示，经过三次测量，样品溶液测量的透光率如表7-4所示。

表7-3　$Fe(NO_3)_3$ 标准溶液透光率

烧杯编号	透光率 $T/\%$				$lg(1/T)$
	1	2	3	平均值	
1	36.7947	36.7971	36.8014	36.7977	0.4342
2	13.6433	13.6367	13.6412	13.6404	0.8651
3	2.6964	2.6942	2.6942	2.6949	1.5694
4	1.2054	1.2097	1.2076	1.2076	1.9180
5	0.5340	0.5340	0.5328	0.5336	2.2728

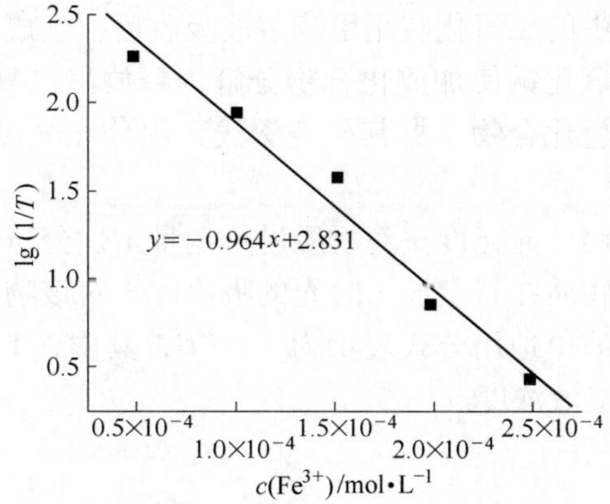

图 7-1　$Fe(NO_3)_3$ 标准曲线

表 7-4　枸杞样品的含铁量

透光率 T/%				$\lg(1/T)$	$c(Fe^{3+})$ /mol · L^{-1}	含铁量 /(mg/100g)
1	2	3	平均值			
1. 3885	1. 3885	1. 3932	1. 3901	1. 8570	1. 0466	2. 2188

结果微评

根据实验数据可知，宁夏枸杞中的铁元素含量为 2. 2188mg/100g，但是由于人体对铁的需求量是随年龄的增长而有差异的，可根据中国营养学会推荐的每日补铁参考量（如表 7-5 所示），对用枸杞作为每日补铁品有合适的定位与参考。

表 7-5　中国营养学会推荐的每日补铁参考量

年　龄	摄入量/mg · d^{-1}	年　龄	摄入量/mg · d^{-1}
0 ~ 6 个月	0. 3	成年女子	14 ~ 28
6 个月 ~ 10 岁	10	成年男子	5 ~ 9
10 ~ 12 岁	12	孕妇（中期）	25
13 ~ 18 岁（男性）	15	孕妇（后期）	35
13 ~ 18 岁（女性）	20	乳母	25

精题微考

2005 年江苏酸雨污染有所加重，酸雨发生频率为 34. 1%，上升了 6. 2 个百分点，每三场雨中就有一场多是酸雨。某校研究性学习小组拟对本市空气中二氧化硫含量（mg/m^3）进行测定。经查阅资料可用以下方法测定：

实验原理：大气中的二氧化硫用甲醛溶液吸收后，生成稳定的羟甲基磺酸加成化合物，再加入氢氧化钠使加成化合物分解，释放出二氧化硫与副玫瑰苯胺、甲醛作用，生成紫红色化合物。据其颜色深浅，用分光光度计在 577 nm 处进行测定。

分光光度计是利用分光光度法对物质进行定量定性分析的仪器。而分光光度法则是通过测定被测物质在特定波长时光的吸收度，对该物质进行定性和定量分析。其工作原理可以简单地用公式表示为 $A=KC$，其中，A 为吸光度；K 为一定条件下的常数；C 为溶液浓度。

实验步骤：

（1）采样：

1）如果你是该兴趣小组成员，你对采样的地点和时间有何建议：____________________。

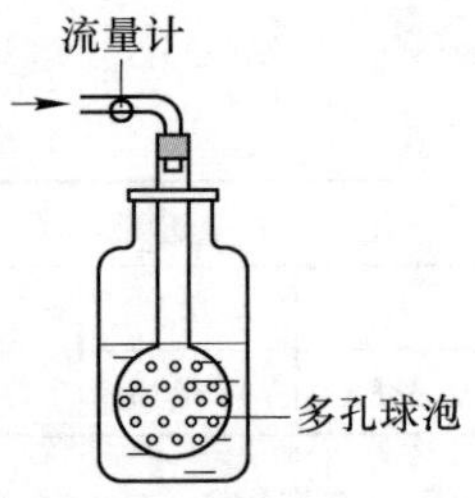

2）用如图装置采样，通过 50L 空气后，将吸收液移入 100 mL 容量瓶，用少量吸收液分两次洗涤吸收装置，合并洗涤液于容量瓶中，定容备用。用多孔球泡而不用导管的原因是____________________。

（2）吸光度与 SO_2 含量标准曲线的绘制：在 6 支 25mL 比色管中，用每毫升含 25μg 二氧化硫的标准液配置下表中的标准 SO_2 含量系列。

管　号	0	1	2	3	4	5
标准液/mL	0	0.20	0.40	0.60	0.80	1.00
吸收液/mL	10.00	9.80	9.60	9.40	9.20	9.00
二氧化硫含量/μg	0	5.00	10.00	15.00	20.00	25.00

用 10mL 比色皿，以水为参比，测定各管吸光度，实验结果如下。

管　号	0	1	2	3	4	5
吸光度	0	0.20	0.40	0.60	0.80	1.00

以吸光度值为纵坐标，二氧化硫含量（μg/10mL）为横坐标，绘制标准曲线。

（3）准确量取容量瓶中溶液 10mL 加入比色皿，测得其吸光度值为 0.24，则空气中二氧化硫含量为______ mg/m^3。我国环境空气质量标准中对每次空气质量测定中 SO_2 的最高浓度限值（mg/m^3）：一级标准：0.15，二级标准：0.50，三级标准：0.70。则该市空气为______级标准。

（4）甲、乙两组同学测定结果相差较大，试分析乙组同学测定空气中 SO_2 含量偏小的可能原因：__________。

（5）请你提出江苏防治酸雨的两条主要措施：__________。

百科微赏

独具特色的奇葩：宁夏枸杞文化

导语

枸杞是华夏大地上最古老而又最神奇的养生保健植物。人们食用枸杞已有几千年的历史，按《本草纲目》的记载，古代的枸杞产于常山的为上品，到了唐代就生产于山东、河北一带，明代时是陕西、甘肃的最好，清代的极品枸杞则产于宁夏。枸杞文化是华夏民族在社会历史实践中所创造的枸杞物质财富和精神财富的总和。在华夏民族的悠久灿烂的文化中，宁夏枸杞文化是一支独具特色的奇葩。

（1）枸杞的地域文化——天下枸杞出宁夏。

枸杞，全世界枸杞植物约有 80 种，零星分布在美国的亚利桑那州和南美洲的阿根廷。欧亚大陆约有 10 种。中国以宁夏为中心，河北、内蒙古、山西、陕西、甘肃、新疆、青海等省都有种植。

为什么说宁夏是世界枸杞的发源地和正宗原产地？这里不得不提及一处美丽的地方——宁夏中宁县。这里光照充足，有效积温高，昼夜温差大，发源于六盘山与黄河交汇处的山洪冲积土壤矿物质含量极为丰富，腐殖质多，熟化度高，灌溉便利，水质独特，正是这一独特的“塞上江南”地理环境和小区域气候为枸杞生长提供了最优越的自然环境，以粒大色鲜、皮薄肉厚、口感纯正、甘甜爽口的特点闻名。宁夏生产的枸杞，尤其是中宁枸杞在全国同类产品中品质最优，也是唯一被载入新中国药典的枸杞品种，因此，素有“天下枸杞出宁夏，中宁枸杞甲天下”的美誉。

（2）枸杞历史文化——源远流长。

中国历史的各个时期，都有枸杞的传奇文化。古人认为常食枸杞可以“留住青春美色”“与天地齐寿”，因此，枸杞花被称为“长生花”，枝条被称为“仙人仗”“西王母杖”。当时，秦始皇为了长生不老，费尽心机寻求长生之药，宫中被视为三大处方秘药“返老还童丸”“七宝美髯丹”“延龄固本丸”中，都有枸杞的成分。宋徽宗时，顺州筑城，民工们在土中挖到枸杞的根，其外形如犬，立即献入宫中，这就是传说中的千岁枸杞。

原始社会，枸杞作为神奇果树载于《山海经》。据《山海经》记载，华夏大地上的崇吾之山、小华之山、东始之山等10座大山都生长着枸杞（芑）。其中，崇吾之山即今宁夏中卫香山。三皇五帝时代，枸杞作为“上品”列入《神农本草经》。殷商时代，枸杞种植载于甲骨文。就古代文献记载而言，枸杞在殷商时期的甲骨文中就有记载，当时称为“杞”。西周时代，枸杞种植载于《诗经》。《诗经》305篇，歌咏枸杞的就占了10篇。其中《大雅·生民》《小雅·北山》歌咏采摘的枸杞就是今宁夏香山及其毗邻地区生产的枸杞。

封建社会，汉唐时期，枸杞栽培载于《千金翼方》。唐代著名医药学家孙思邈在《千金翼方. 种造药第六》中专门总结了前人种植枸杞的方法。唐代韩鄂的《四时纂要》也记载了枸杞的栽培方法。宋元时期，枸杞种植列为专篇。北宋科学家沈括在《梦溪笔谈》中说：“枸杞，陕西极边生者，甘美异于他处者”。宋、元时期宁夏地属陕西路、陕西行省的西北边陲，沈括指的“陕西极边”就是指今宁夏，沈括说宁夏生产的枸杞子味道“甘美异于他处”。明清时期，枸杞载入史志。明清《救荒本草》《本草纲目》《滇南本草》《嘉靖宁夏新志》《中卫县志》等对枸杞均有记述。

（3）枸杞的医药文化——美容滋补之佳品。

枸杞有滋肾水、益精气、润肺、清肝热、明目之功效。主治虚损痨伤、咳嗽、目赤生翳、肝虚下泪、经络虚痛。功能滋补肝肾，益精明目。治头昏目眩、耳鸣、目昏多泪、视力减退、虚劳咳嗽、腰脊酸痛、遗精、糖尿病。

另外，很多人都不知道常吃枸杞子可以美容。这是因为，枸杞子可以提高皮肤吸收养分的能力，另外，还能起到美白作用。最适合吃枸杞子的是体质虚弱、抵抗力差的人。而且，一定要长期坚持，每天吃一点，才能见效。任何滋补品都不要过量食用，枸杞子也不例外。对枸杞生吃、蒸吃、煮食、泡茶、泡酒等在我们日常生活中也很常见，这与古人是一脉相承的。

(4) 枸杞的饮食文化——历史沉淀之果。

枸杞餐饮是一种健康的社会时尚。除服食枸杞果实、根茎外，还将枸杞嫩芽、嫩叶作为茶叶、蔬菜中的名茗佳肴食用。

中国的饮食文化少不了酒，自古及今，国内外名酒辈出。就历史文献记载最早出现的酒名与现今酒名一直相符者，唯有枸杞酒；就历史文献记载最早出现的酒名延续使用至今者，唯有枸杞酒；就现今延续使用的历史名酒最早见载于历史文献而言，没有任何一种名酒的历史能超过枸杞酒。“枸杞”作为酿酒原料名称和所酿名酒，从中国原始社会至今一以贯之，没有歧见与附会。因此，枸杞及枸杞酒的历史至少与中国成文史相始终。就酒文化积淀之悠久厚重而言，枸杞酒在国内外名酒中名列前茅。枸杞酒是秦汉时代的“神仙”服食酒。秦汉前后，枸杞、枸杞酒是帝王及“神仙方士”渴求长生不老，“羽化登仙”而经常饮食服用的“神仙服食药”“神仙服食酒”。枸杞酒是唐宋时代的“返老还童”酒。中医很早就有“枸杞养生”的说法，认为常吃枸杞子能“坚筋骨、耐寒暑”。因此，它常常被当做滋补调养和抗衰老的食物。

除此之外，在菊花茶中加入枸杞，泡出来的茶就是有名的枸杞菊花茶，能够疏风清热、解毒明目，并对胸闷、心悸、气急、头晕、头痛、四肢麻木等有明显效果。因为两种都是护眼的药材，能有效缓解眼睛疲劳或眼睛干涩的症状，非常适合彻夜温习功课的学生或电脑工作者饮用。

（来源：凯风网）

实验二十 维生素C泡腾片中维C含量的测定

常言道“良药苦口”，可如果吃药都像喝饮料那样方便且口感好，估计很多人不会再抵触它，泡腾片就做到了这一点。它与普通药片的不同之处就在于含有泡腾崩解剂，遇水时产生二氧化碳气体，使药片在几分钟之内迅速崩裂成小碎片，所含的药用成分也能快速溶解于水中而发挥疗效。作为“泡腾片家族”中的成员，维生素C泡腾片，已成为人们日常生活中预防感冒、增强抵抗力、补充维生素C的保健药品之一。

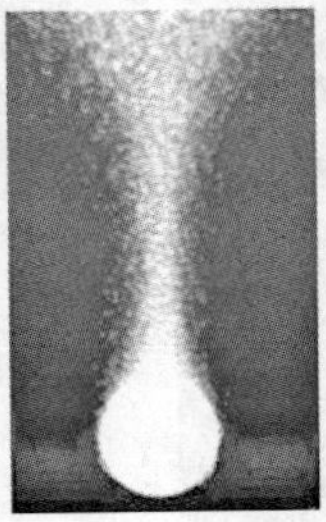

词源微说

泡 腾 片

泡腾片是含有泡腾崩解剂的一种片剂。所谓泡腾崩解剂通常是有机酸和碳酸钠、碳酸氢钠（小苏打）的混合物；泡腾片本身干燥不含水分，泡腾崩解剂中的两种物质未电离不能发生反应；但当泡腾片放入水中之后，两种在水的作用下电离，并发生复分解反应，产生大量二氧化碳，使片剂迅速崩解和融化，有时崩解产生的气泡还会使药片在水中上下翻滚，加速其崩解和融化。片剂崩解时产生的二氧化碳部分溶解于饮水中，使饮水喝入口中时有汽水般的美感。

据某品牌维生素C泡腾片的产品说明介绍，该品牌生产的维C泡腾片每片约含维生素100mg。检测该产品中的维C含量是否符合产品说明，为使实验过程简单，实验数据更加准确，我们可结合传统碘量法，运用手持技术中的ORP传感器对泡腾片中的维C含量进行测定。

原理微析

在氧化还原滴定中，随着氧化剂的加入，物质氧化态和还原态的浓度逐渐改变，有关电对的电位也随着不断改变，其变化情况可以用滴定曲线表示。已知在酸性条件下，维生素 C 与碘发生氧化还原反应：

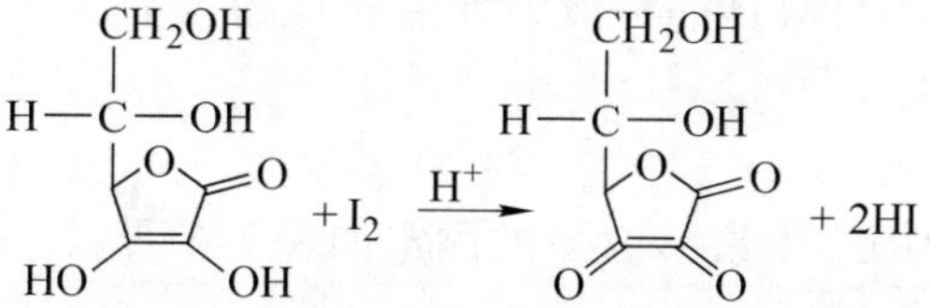

因此，通过 ORP 传感器记录该氧化还原反应过程中氧化还原电位的变化，用滴数传感器记录滴定过程中碘标准溶液所消耗的体积，从而绘制出 ORP-*V* 图像。根据绘制出的图像，找出氧化还原电位的突跃范围，对突跃范围进行求导，导数极值点即滴定终点，并得到导数极值点所对应的消耗碘标准溶液的体积。最后根据上述方程式中的计量数之比进行计算，从而算出维 C 的含量。

实验微探

我需要

药品：某品牌维生素 C 泡腾片（每片约含维生素 100mg），碘标准溶液（浓度为 0.0433mol/L）、冰醋酸、蒸馏水。

仪器：ORP 传感器，滴数传感器、数据采集器、天平、容量瓶、酸式滴定管、烧杯。

我要做

取样品维生素 C 泡腾片 4 片，用煮沸并冷却的蒸馏水溶解。向溶解后的样品溶液中加入 10mL 冰醋酸，将混合溶液转移至 100mL 容量瓶，定容摇匀。

如图 7-2 所示连接实验装置，移取样品溶液 30mL 于烧杯中。用 0.0433mol/L

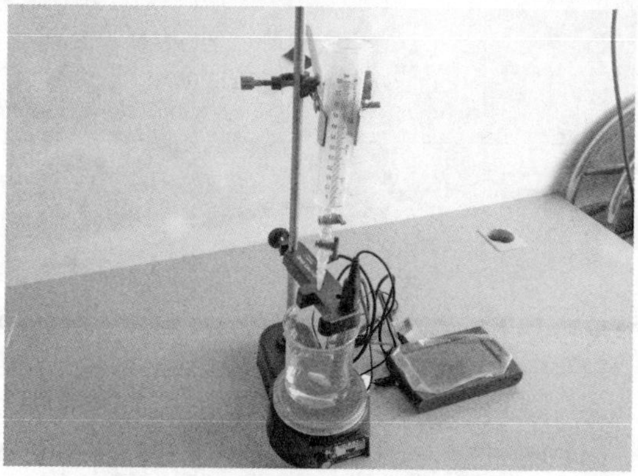

图 7-2　测定维 C 含量实验装置图

碘标准溶液（经硫代硫酸钠标准溶液标定）进行滴定并采集数据，绘制 ORP-*V* 图像。重复滴定三次，计算样品溶液中维生素 C 的含量。

↘ 会怎样

维生素 C 泡腾片中维生素 C 含量的测定如表 7-6 所示。

表 7-6　维生素 C 泡腾片中维生素 C 含量的测定

项　目	第一次	第二次	第三次
碘标准溶液/mL	16.07	15.84	15.91
碘标准溶液浓度/mol·L^{-1}		0.0433	
维 C 浓度/mol·L^{-1}	0.03123	0.03078	0.03053
维 C 含量/(mg/片)	102.06	100.59	101.04
维 C 平均含量/(mg/片)		101.23	

结果微评

经过三次重复实验，用碘标准溶液滴定维 C 样品溶液时的氧化还原变化如图 7-3 所示，对该图中的曲线进行求导，第一导数曲线如图 7-4 所示。通过计算，可求出维 C 含量，如表 7-6 所示。实验所使用的泡腾片产品说明称维 C 泡腾片每片约含维生素 100mg，实验测得的维 C 含量为 101.23mg/片，维 C 含量大于产品说明上的含量，产品符合要求。

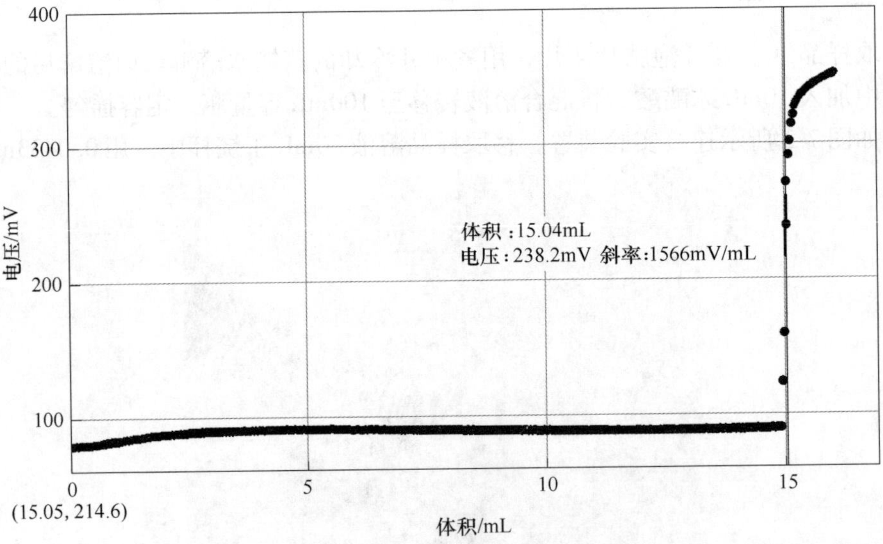

图 7-3　维生素 C 泡腾片中维生素 C 含量的测定氧化还原电位的变化

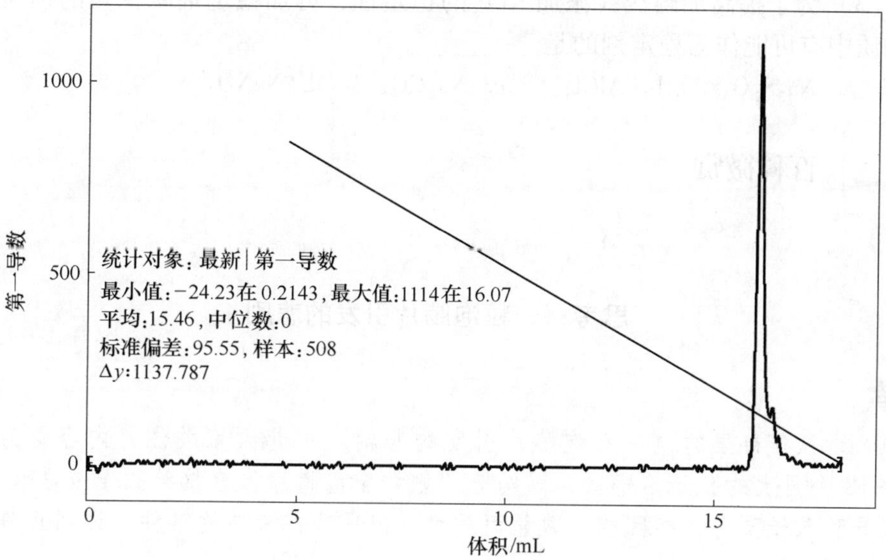

图7-4　氧化还原电位的变化的导数曲线（第一组实验）

精题微考

食盐中含有一定量的镁、铁等杂质，加碘盐中碘的损失主要是由杂质、水分、空气中的氧气以及光照、受热而引起的。已知：

氧化性：$IO_3^- > Fe^{3+} > I_2$；还原性：$S_2O_3^{2-} > I^-$

$$3I_2 + 6OH^- \xlongequal{} 5I^- + IO_3^- + 3H_2O$$

$$KI + I_2 \rightleftharpoons KI_3$$

（1）某学习小组对加碘盐进行了如下实验：取一定量某加碘盐（可能含有KIO_3、KI、Mg^{2+}、Fe^{3+}），用适量蒸馏水溶解，并加稀盐酸酸化，将所得试液分为3份。第一份试液中滴加KSCN溶液后显红色；第二份试液中加足量KI固体，溶液显淡黄色，用CCl_4萃取，下层溶液显紫红色；第三份试液中加入适量KIO_3固体后，滴加淀粉试剂，溶液不变色。

1）加KSCN溶液显红色，该红色物质是__________（用化学式表示）；CCl_4中显紫红色的物质是__________（用电子式表示）。

2）第二份试液中加入足量KI固体后，反应的离子方程式为__________。

（2）KI作为加碘剂的食盐在保存过程中，由于空气中氧气的作用，容易引起碘的损失。写出潮湿环境中KI与氧气反应的化学方程式：__________。

将I_2溶于KI溶液，在低温条件下，可制得$KI_3 \cdot H_2O$。该物质作为食盐加碘剂是否合适？______（填“是”或“否”），并说明理由：__________。

(3) 为了提高加碘盐（添加 KI）的稳定性，可加稳定剂减少碘的损失。下列物质中有可能作为稳定剂的是＿＿＿＿＿＿。

a. $Na_2S_2O_3$　　b. $AlCl_3$　　c. Na_2CO_3　　d. $NaNO_2$

百科微赏

思考：一粒泡腾片引发的悲剧

导语

最近微信群里的《一粒泡腾片引发的悲剧》引起大家关注，内容是为了给一个 18 个月大的孩子治感冒，妈妈把“娃娃宁泡腾片”直接给孩子放进嘴里吃，结果导致孩子窒息，终因脑部缺氧而死亡。出现这样惨痛的事件，说明正确的用药知识亟待普及。

我们认识泡腾片，恐怕是从维生素 C 泡腾片开始的，当把一个黄色的小药片放入一杯水里时，即刻产生大量气泡，有时产生的气泡还会使药片在水中上下翻滚，在充满了动感与新奇的片刻工夫里一杯维生素 C 饮料就配好了。因为有一部分二氧化碳溶解在水中，所以入口时还有碳酸饮料般的感官刺激。

(1) 如何正确服用泡腾片。

泡腾片的吃法也不复杂，年轻的父母们在给孩子喂药前只要仔细看药品说明书，不让孩子直接放在嘴里吞服，就不会出现伤人的悲剧。泡腾片在化解时需要大量的水，同时会产生大量的二氧化碳。如果孩子直接吃进嘴里，药片进入喉咙会将周围的水分都吸收过来，再产生二氧化碳，很容易导致儿童窒息。泡腾片说明书里都写有不可直接吞服，吃药前仔细阅读说明书的用法、用量以及会出现哪些不良反应是非常必要的。

正确的吃法是：先取半杯凉开水或温开水（约 100～150mL），水温最好不要太高，将一次用量的药片投入杯子中，等气泡完全消失、药物全部溶化了，再摇匀后服下。此外还要注意，不能用茶水或饮料泡服，因为会产生化学反应，生成有害的物质；儿童要在家长的看护下服用，不能让儿童自行服用；维生素 C 泡腾片要现喝现泡，放置过久则溶解于水中的药物会因氧化而失效。

泡腾片容易受潮变质，应妥善保管，尽量不要破坏原有的包装，避免受潮造成崩解剂失效。如果保管中密闭不严、受热或受潮，泡服时出现不溶物、沉淀、絮状物等就不能再吃了。

（2）维C泡腾片也有副作用。

维生素C有促进胶原蛋白、神经递质、抗体、四氢叶酸等的形成，促进铁的吸收，维C泡腾片能长期吃吗？

首先，要考虑泡腾片维生素C的含量问题，有些作为药品的维C泡腾片，每片中维生素C含量达到1g，每天吃1片就相当于普通成年人推荐摄入量（1天100mg）的10倍，相当于可耐受最高摄入量（一天2g）的一半。

接下来涉及维生素C摄入过量的问题。跟大多数维生素相比，维生素C的毒性很低，很少引起明显的毒性反应。维生素C过量的副作用，如大量摄入维生素C的人发生草酸尿和肾结石的危险增加，还会促使有铁负荷过度者发生铁过度吸收，长期大剂量摄入还可能造成对大剂量维生素C产生依赖性等。另外，维C泡腾片一般含有香精、香料、色素等多种食品添加剂，尽管按国家规定限量使用对人体没有明显害处，但长期摄入是否会对健康产生不利影响，也是值得考虑的问题。

（3）服泡腾片后漱口、少吃盐。

需要提醒的是，服了维生素C泡腾片后用清水漱口。芬兰赫尔辛基大学研究人员证实，维生素泡腾片可造成牙齿矿物质流失，使牙齿更加疏松、脆弱。经常喝维生素C泡腾片的人，最好每次服用后能用清水漱口，而且不要在晚上刷完牙后才服用，以减少酸性物质对牙齿的刺激，避免牙齿损害。

据美国“健康日”网站报道，泡腾片中含钠较多，长时间大量服用会增大心脑血管疾病的风险。泡腾片一般用碳酸氢钠或碳酸钠作为崩解剂，它们与柠檬酸组成的混合物遇水会产生二氧化碳气体，使片剂迅速崩解。此外，有些泡腾片还添加了氯化钠作为分散介质，帮助维持药片形态。举例来说，一片1g的维生素C泡腾片中一般含碳酸氢钠0.2g，相当于0.139g食盐（氯化钠）的含钠量。因此，平时血脂、血压较高，有家族史或其他心脑血管病危险因素者，应少用或慎用泡腾片。常用泡腾片的老人要注意监测血压，高血压患者服用期间应适当减少盐的摄入。

（来源：天津网）

第八章　教学案例

教学案例 1：走进 84 消毒液

一、教学内容及分析

教学内容选自人民教育出版社出版的《高中化学（必修 1）》第四章第二节《富集在海水中的元素——氯》。

1. 知识应用的体现

本部分内容是在学习了氧化还原反应等知识的基础上，来学习氯气和次氯酸的性质，是高中化学的重要内容，其知识虽简单，但不容易理解。学生只是单纯地通过书本上的文字来了解和记忆知识，学习效果并不佳。以探究 84 消毒液为例，来学习氯气和次氯酸盐的性质，不仅有利于学生理解和记忆所学知识，更能够让学生懂得所学知识的价值。对学生感受化学知识在商品生产和社会生活中的应用以及培养学生从生活中学化学、到生活中用化学的意识都有很大的作用。

2. 多层价值的兼顾

84 消毒液是生活中常用的消毒液，无论是它的产品便签还是在使用过程中都蕴含着丰富的化学知识。从我们观察到现象到产生疑惑，再到深层的探究其中所包含的化学知识，整个过程真正培养了学生由现象到本质的探究能力，兼具学科价值和教育价值。

3. 历年高考的热点

氯是高中化学部分的首要元素，重要地位尤其可见。高考大纲说明“了解常见非金属单质及其重要化合物的性质及应用”。本节课涉及的高考内容有以下几点：氯气与水和碱的反应及其应用；次氯酸的酸性、强氧化性、漂白性、不稳定性等化学性质及其应用。高考试题当中涉及氯气与次氯酸的试题一般角度独特、情景新颖、知识点考查全面，对学生能力要求较高。

综上所述，教师要以学生的学习兴趣为出发点，创设积极的富有驱动性的教学情境，引导学生主动探究，最大程度地参与到学习任务中，通过一系列环节的设置，使学生真正认识 84 消毒液，体验由现象到本质的探究过程，产生从生活中学化学，到生活中用化学的意识。

二、设计思路

（一）新课标要求

新课标要求如表 8-1 所示。

表 8-1　新课标要求

内 容 标 准	活动探究与建议
科学掌握氯气和次氯酸的多种性质	采用生活中的产品等展开探究，达到活学活用和学以致用的效果

（二）学生基础分析

1. 知识方面

本节课是在学习了《高中化学（必修 1）》第四章第二节的内容之后补充的一节拓展探究课，对于氯气及次氯酸等的相关知识点已了解但未完全记忆和理解，并且前面已学习了氧化还原反应的内容，这对探究 84 消毒液组成和性质起到了铺垫和支持的作用。

2. 情感态度方面

学习者是年龄在 15、16 岁的高一学生，已学习了很长时间的理论知识，为了调动学生的学习兴趣，因此引进拓展探究课，不仅能激发其学习的主动性，更能有效地建立系统的立体知识网络。新课程下的初三化学课本已强调对学生进行探究式教学，所以学习者基本上有了一些探究意识。他们对一些化学现象兴趣浓厚，而且具备了基本的观察能力、实验设计能力，这些都为探究 84 消毒液的组成和性质做好了铺垫。

（三）教学内容

教学内容主要有：84 消毒液的物理性质、84 消毒液的成分和制备原理、84 消毒液的漂白性和漂白原理、84 消毒液的易分解的性质、84 消毒液使用时量的增加和不能与“洁厕灵”混用的化学原理。首先，从上节课学习的内容引出生活中应用这些知识的产品，再通过各种病毒的预防引出 84 消毒液，使学生感受到生活处处有化学。然后学生通过感官上对 84 消毒液初步的认识，总结出 84 消毒液的一些物理性质。接下来通过 84 消毒液的产品标签来解读 84 消毒液，通过逐条分析产品标签，总结出 84 消毒液的成分、制备原理以及相关性质。得出漂白性后，引导学生设计并进行验证漂白性的实验，然后通过手持技术进一步探究 84 消毒液的漂白原理。最后探究 84 消毒液使用时量的增加和不能与“洁厕灵”混用的原因（图 8-1）。

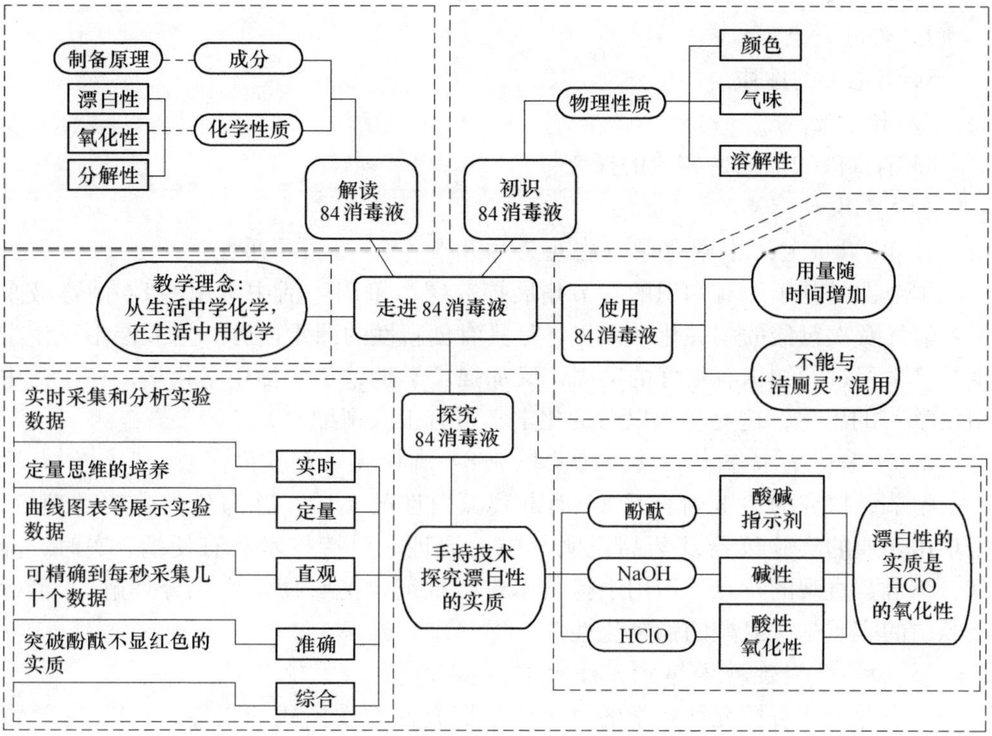

图8-1　教学内容

（四）学习目标

1. 知识与技能

（1）了解84消毒液的成分、物理性质。

（2）理解84消毒液漂白性、氧化性、分解性。

（3）掌握84消毒液漂白性的实质。

2. 过程与价值观

（1）通过观察、分析实验现象，锻炼学生观察、推理能力。

（2）通过自主设计实验，感知先进仪器在化学学科中的应用。

（3）通过阅读产品说明，进一步掌握信息的收集、筛选、分析、处理方法。

3. 情感态度与价值观

（1）通过对84消毒液的认识，感受化学知识在商品生产和社会生活中的应用，树立从生活中学化学、到生活中用化学的意识。

（2）通过运用已有知识对84消毒液的探究，体会由现象探求本质的科学思维。

（五）教学重点、难点

1. 学习重点

84 消毒液的性质。

2. 学习难点

84 消毒液的漂白性实质的探究。

（六）设计重点

1. 以“从生活中学化学，在生活中用化学”为指导思想

本节课是基于原有知识的一节拓展探究课，采用生活中常用的 84 消毒液来学习氯气及次氯酸的相关化学知识，是具有创新性的课堂内容。本节课不仅使学生对已学习过的知识有很好的巩固，又加强了学生“从生活中学化学，在生活中用化学”的思想，这对学生以后的化学学习有很大帮助。

2. 以手持技术作为手段，实验探究 84 消毒液漂白性的实质

本节课探究的关键内容是 84 消毒液漂白性的实质，这部分内容较难理解，很难用普通的实验仪器及药品说明其中的原理。手持技术具有便携、实时、准确、综合、直观的特点，运用手持技术进行探究，能够使学生充分理解 84 消毒液漂白的实质是次氯酸的强氧化性。

3. 加入探究性教学模式，加大学生参与度

本节课秉持着探究性教学的思想，在探究性教学模式的指导下，以 84 消毒液为探究对象，通过初识、解读、探究和使用 84 消毒液四个环节逐层学习 84 消毒液的物理性质、成分、制备原理以及 84 消毒液的化学性质，引导学生设计并验证 84 消毒液的漂白性，探究其漂白和消毒作用的实质及其使用量随时间增加、不能与“洁厕灵”混用的原因。不仅使学生不断思考和回顾已学过的知识点，更要求他们理解这些知识点的应用，可以说是用自己的个性思维进行分析，而不是仅仅以书本上的文字叙述来学习知识点，最大程度上加大了学生在课堂上的参与度。

（七）设计思路流程

设计思路流程如图 8-2 所示。

（八）设计特色

1. 体现绿色环保思想

本节课主要以实验探究为主，涉及学生动手实验较多。学生通过自己亲自动手实验了解 84 消毒液的奥妙，同时锻炼动手能力，体会自己探索真理的乐趣。学生分别将蒸馏水、84 消毒液滴加到红纸上，观察并对比实验现象，来验证 84 消毒液漂白性，此实验采用自制点滴板即药片板来进行实验，真正体现绿色环保的思想，让学生感知到生活中很不起眼的小事物也可以运用到化学实验中，留心观察生活也是一种学习。

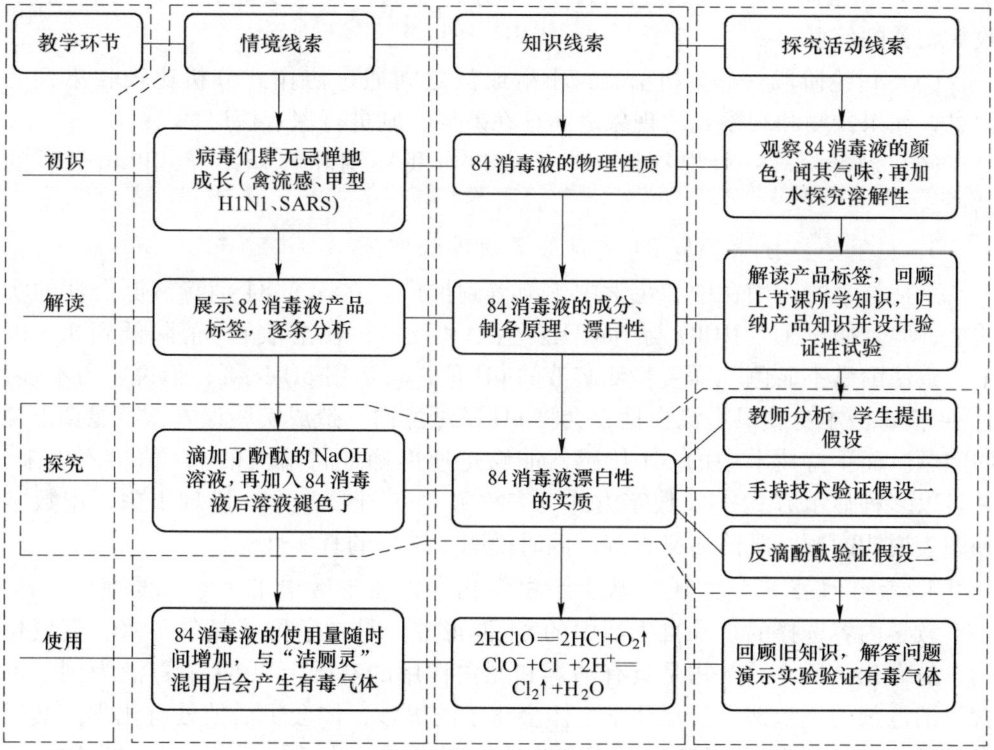

图 8-2　设计思路流程

2. 任务驱动模式中套用 PDEODE 的研究性学习模式

教学内容主要采用任务驱动模式，学生跟随老师的讲解思路在不同的任务中对 84 消毒液一步步进行深入的学习。学生在整堂课中进行的任务有以下四项：任务一，初识 84 消毒液；任务二，解读 84 消毒液；任务三，探究 84 消毒液；任务四：使用 84 消毒液。在任务二和任务三中有突出体现了 PDEODE 研究性教学模式。

将 PDEODE 策略的六个阶段，“预测—讨论—解释—观察—讨论—解释—预测”设计成化学课堂研究性学习的六个基本环节：“提出问题—分析问题—设计方案—收集信息—分析信息—得出结论”（图 8-3）。

（1）预测阶段——提出问题：教师创设研究性问题学习情境，学生首先对结果进行预测。

（2）讨论阶段——分析问题：学生小组内分析探讨问题，交流各自的预测和观点，汇总意见并达成共识。

（3）解释阶段——设计方案：设计实验方案，验证预测的准确性，向全班汇报实习方案并解释设计的依据。

（4）观察阶段——收集信息：学生分组实验，观察实验并记录实验现象，收集相关的信息。

（5）讨论阶段——分析信息：小组成员之间通过协作式分析比较收集到的信息，如果预测和观察到的现象之间存在差异，则进行深入探讨。

（6）解释阶段：得出结论，学生通过自我协调和解释差异，得出最后的结论。

3. 利用手持技术探究84消毒液漂白性的实质

手持技术的运用在中学化学中逐渐得到推广。在探究84消毒液漂白性的实质中，验证假设①“HClO与NaOH发生中和反应，使溶液pH值降低到8.3以下，致使酚酞不显色”需要检测溶液的pH值，可运用pH试纸，但说服力不强，且84消毒液本身就具有漂白性，会将pH试纸漂白，造成实验误差，不能真正说明问题。而手持技术中的pH传感器能够迅速准确地将溶液的pH值检测出来，并且以多种显示方式（如数字方式、表格方式、图形方式）呈现出来，用数字和图表说明问题，既简洁又直观，同时说明了结论的真实性。

4. 教学过程充分体现“从生活中学化学，在生活中用化学”思想

教学内容选择的是来自生活中的84消毒液，是在学习了氯气与水、氢氧化钙、氢氧化钠反应的产物是具有消毒和漂白作用的基础上以84消毒液为例学习含氯消毒剂的一堂课，旨在让学生体会化学的奥妙，体会生活处处有化学。其中在任务四：使用84消毒液中更加充分地体现出“从生活中学化学，在生活中用化学的思想”。在任务四中，主要探究的内容是84消毒液的保质期问题和不能与

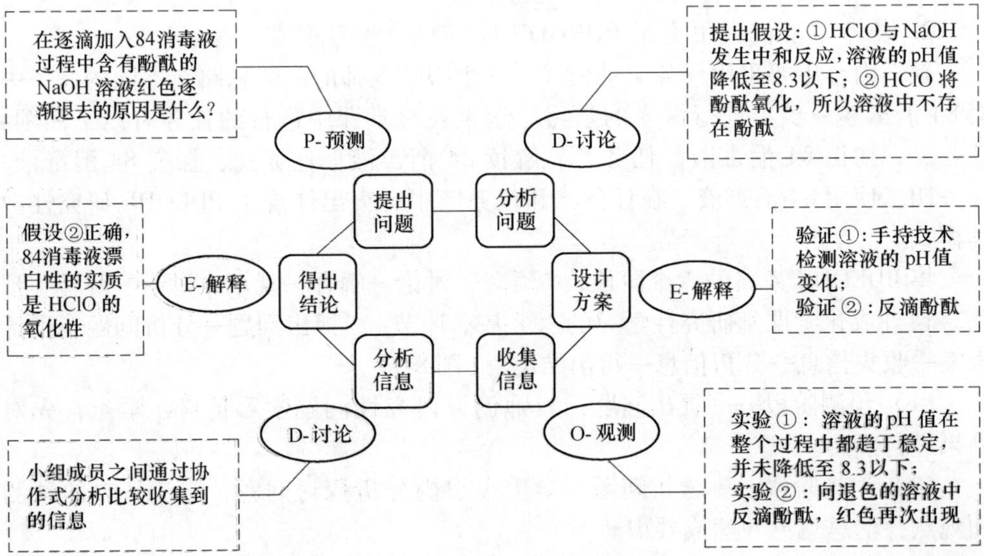

图8-3　PDEODE研究性教学模式

“洁厕灵”混用的原因。两个问题都源自于生活，从生活中发现问题，用化学思维解答问题，充分体现出“从生活中学化学，在生活中用化学”的思想。

三、教学过程

教学过程如表 8-2 所示。

表 8-2　教学过程

<table>
<tr><th>教学环节</th><th>教 师 活 动</th><th>学生活动</th><th>设计意图</th></tr>
<tr><td>课题引入</td><td>【讲述】上节课我们学习了氯气与氢氧化钠、氢氧化钙和水反应的产物具有漂白性，生活中很多漂白液等。
【设置情境】（PPT 展示图片）有一种漂白产品被广泛地应用于生活中，用来杀菌消毒、漂白衣服等，它就是 84 消毒液。今天就让我们一同走进 84 消毒液。
【PPT】走进 84 消毒液</td><td>聆听、观看，进入情境</td><td>回顾已学知识，联系生活实际，引导学生关注社会生活，从而提起学生的学习兴趣，感受化学无处不在</td></tr>
<tr><td>初识
84 消毒液</td><td>【引导】首先我们观察一下，84 消毒液具有哪些物理性质。
【提问】同学观察到 84 消毒液是什么颜色的呢？那它又具有什么样的气味？什么状态的？
【讲述】通过观察，我们初步认识了 84 消毒液的物理性质，它是浅黄色的、具有刺激性气味的液体。
【PPT】1. 初识 84 消毒液性质
<table><tr><th>颜色</th><th>气味</th><th>状态</th></tr><tr><td>浅黄色</td><td>刺激性气味</td><td>液态</td></tr></table></td><td>观察 84 消毒液的颜色、状态，闻其气味。
配合老师回答观察到的现象</td><td>从颜色、气味研究物质的物理性质是研究物质的基本方法。学生感受研究物质的基本方法，从感官上初步认识了 84 消毒液的物理性质</td></tr>
<tr><td>解读
84 消毒液
产品标签</td><td>【讲述】标签和说明书是产品的语言。84 消毒液标签又告诉了我们有什么样的化学信息，让我们阅读产品标签，解读 84 消毒液。
【PPT】2. 解读 84 消毒液
84 消毒液标签上的部分说明
◆ 本品为含氯消毒剂，成分为 NaClO
◆ 原液勿接触衣物，带色衣物易脱色
◆ 勿用 40℃以上的热水稀释原液
◆ 宜贮存在避光阴凉处
◆ 勿与酸性洗涤剂混合使用
【引导】这就是 84 消毒液的产品标签，让我们一起解读。</td><td>认真阅读 84 消毒液产品标签，思考其中的化学知识。</td><td>从实际中的 84 消毒液标签解读入手，能让学生自如地进入与生活紧密结合的问题情境</td></tr>
</table>

续表 8-2

教学环节	教 师 活 动	学生活动	设计意图
解读 84 消毒液 产品标签	【提问】①“本品为含氯消毒剂，成分为 NaClO”结合上节课的学习内容，84 消毒液是如何制备出的？ 【讲述】没错，氯气与氢氧化钠反应可制得次氯酸钠。 【PPT】制备原理： $Cl_2+2NaOH = NaCl+NaClO+H_2O$ 【讲述】我们再来解读②“原液勿接触衣物，对带色衣物易脱色”。根据这条信息我们可以得出 84 消毒液具有什么性质？ 【PPT】漂白性。 【提问】既然 84 消毒液具有漂白性，那究竟是什么成分起到漂白作用呢？让我们来看一个资料卡片。 【PPT】 资料卡片 工业使用： $NaClO+HCl = NaCl+HClO$ 家庭使用： $2NaClO+CO_2+H_2O = Na_2CO_3+2HClO$ $NaClO+CO_2+H_2O = NaHCO_3+HClO$ 【讲述】工业上使用漂白粉时要加少量酸，如稀盐酸，稀盐酸会和次氯酸钠反应生成次氯酸。而家庭使用不必加酸，因为空气里的 CO_2 溶于水也起弱酸的作用。 【提问】大家观察一下这三个方程式，看看它们有什么共性吗？ 【讲述】通过阅读资料卡片内容发现，这三个反应都生成了次氯酸，因此真正起漂白作用的成分是次氯酸。 【PPT】 起漂白作用的成分是 HClO	学生回顾上节课所学知识，回答出 84 消毒液的制备原理。 跟随老师的讲解积极思考和回答问题。 仔细观察三个方程式，发现共同点是都生成了 HClO	标签和说明书是产品的语言。在生活中能读懂标签是生活在现代社会的人所应有的基本技能。通过解读 84 消毒液标签，让学生能读懂标签，了解标签中所含有的化学信息。同时为探究 84 消毒液做铺垫
探究 84 消毒液 漂白性 实质	【过渡】既然是次氯酸起到了漂白作用，它是如何进行漂白的？接下来让我们一起探究 84 消毒液的漂白性实质。 【PPT】探究 84 消毒液漂白性实质 【讲述】我们以 84 消毒液漂白含有酚酞的氢氧化钠为例。这是含有酚酞的氢氧化钠溶液，它是红色的。当我们将 84 消毒液不断滴入进去后，溶液的红色退去。为什么呢？首先我们进行理论分析。84 消毒液起到漂白作用的成分是 HClO，而它具有酸性和强氧化性。而酚酞是指示剂，容易被氧化，氢氧化钠是碱。通过分析，84 消毒液的漂白过程可能发生了什么反应？	跟随老师的问题进入思考。再跟着老师的讲解分析问题。 回顾酚酞的变色范围，并回答问题。	培养学生由现象到本质的科学思维

续表 8-2

教学环节	教 师 活 动	学生活动	设计意图
探究 84 消毒液 漂白性 实质	【讲述】同学们提出了三种可能，发生了中和反应，发生了氧化反应，中和反应和氧化反应同时发生。因此我们就得到了以下三个假设。 【PPT】 假设 1：HClO 与 NaOH 发生中和反应 假设 2：HClO 氧化酚酞 假设 3：上述两个反应同时发生 那么如果是 HClO 和 NaOH 发生了中和反应，那么溶液的 pH 值会怎样变化呢？ 【引导】为了验证上述假设，让我们再来分析一下。假设 1 认为是发生了中和反应，如果发生了中和反应，84 消毒液在不断地滴加到含有酚酞的氢氧化钠溶液中时，溶液的酸碱度会发生什么变化？ 【讲述】没错，溶液的 pH 值会降低。那么是否会降低呢，我们就用实验来证明。 【实验演示】 1. 在一个 50mL 的小烧杯中加入大约 30mL 的氢氧化钠溶液，再滴加 2 ~ 3 滴酚酞（在烧杯中插入 pH 传感器测量溶液 pH 值）； 2. 用滴管将 84 消毒液慢慢滴入上述溶液中，直至溶液呈无色。 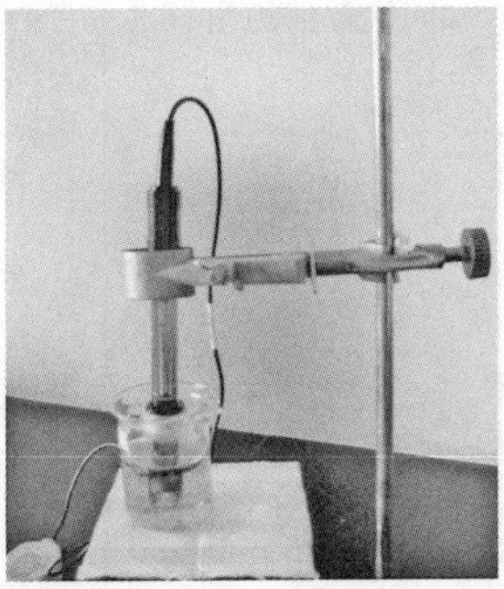 【讲述】在滴加 84 消毒液的过程中，请同学们注意观察数据采集器探测到的溶液的 pH 值变化趋势。 【讲述】通过观察我们发现随着 84 消毒液不断滴加，溶液的 pH 值并没有降低到 8.3 以下。看来并不是 HClO 和 NaOH 发生了中和反应，因此假设 1 和假设 3 是不成立的。	根据老师的分析提出假设：①HClO 和 NaOH 发生了中和反应，使溶液的 pH 值降低到 8.3 以下，致使酚酞显无色。②具有强氧化性的 HClO 将酚酞氧化了，致使溶液中不存在酚酞了，所以溶液红色退去了。③以上两个反应同时发生。 仔细观察大屏幕上数据采集器采集到的 pH 值的变化趋势。	引导学生分析问题，使学生学会通过提出问题、提出假设、进行试验、得出结论四个步骤进行探究。 手持技术具有便携、实时、准确、综合、直观的特点，运用手持技术来进行探究，能够使学生充分理解 84 消毒液漂白的实质是次氯酸的强氧化性。

续表 8-2

教学环节	教 师 活 动	学生活动	设计意图
探究 84 消毒液 漂白性 实质	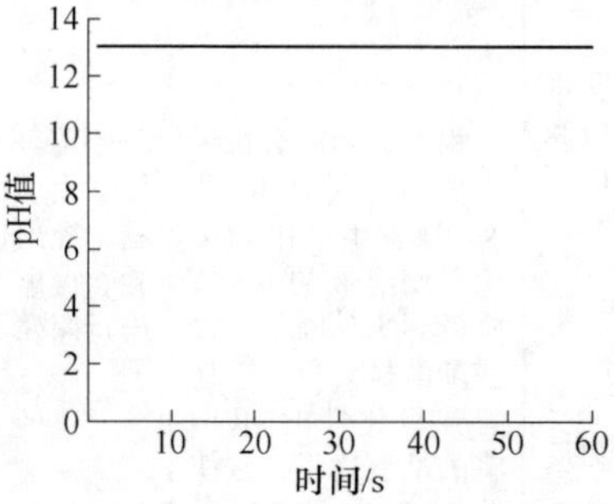 【讲述】那么如果是 HClO 将酚酞氧化，使溶液变成无色，若我们再向退色的溶液中返滴酚酞，溶液再出现红色，是不是就会证明假设 2 是正确的呢？ 【引导】下面老师向退色的溶液中反滴酚酞，请同学们仔细观察溶液的颜色变化。 【讲述】溶液的颜色又变红了，对不对？看来 84 消毒液与氢氧化钠反应实验中酚酞红色退去的原因是：84 消毒液中的次氯酸将酚酞氧化。 【归纳】由此，我们可以得出漂白的实质是次氯酸利用其强氧化性将有色物质氧化为无色物质。	得出结论：并不是 HClO 和 NaOH 发生了中和反应，使溶液的 pH 值降低，致使酚酞显无色。 仔细观察溶液颜色变化。 得出结论：红色退去是 HClO 氧化了酚酞	验证假设 1、假设 3 错误后，再继续验证假设 2，一步步解决问题，最终得出结论，培养了学生坚持不懈的探究能力
使用 84 消毒液	【引导】为了在生活中更好地发挥 84 消毒液的漂白性，我们在使用时应该注意哪些呢？接下来我们继续解读标签，学习 84 消毒液的使用。 【PPT】使用 84 消毒液 【提问】勿用热水稀释，避光阴凉处存放，为什么？我请位同学为我们解释一下第一个问题。 【结论】次氯酸受热光照不稳定，易分解，在光照的条件下就发生分解，生成盐酸和氧气。 【PPT】分解原理 $2HClO = 2HCl + O_2\uparrow$ 【引导】在阅读 84 消毒液使用说明时我们会发现“不要把 84 消毒液与其他洗涤剂或消毒液混合使用”。那么如果把 84 消毒液与其他洗涤剂混合使用会发生什么呢？接下来老师就用一个微型实验告诉大家为什么洁厕灵与 84 消毒液不能混合使用。 【实验演示】 取一次性胶头滴管，吸取少量洁厕灵，倒置胶头滴管，使溶液进入滴管底部向上述滴管中再次吸取 84 消毒液，倒置胶头滴管，使溶液与滴管底部的洁厕灵反应。	回忆并猜想出有毒气体是氯气。 通过微型实验得出结论，洁厕灵与 84 消毒液混合会产生氯气。	通过回忆旧知识来解决现有问题，培养学生学以致用的精神。 逐条分析产品标签，关注细节问题，培养学生认识生活的能力。 主要是针对日常不当使用含氯消毒剂带来危险的一些新闻报道以及解释某些消毒剂说明中“不要与酸性消毒剂混用”的警示，让学生了解其中的化学道理，教会学生正确使用含氯消毒剂。资料卡片的设计，主要是考虑到学生的知识水平，同时，对实验设计起到提示作用。

续表 8-2

教学环节	教 师 活 动	学生活动	设计意图
使用 84 消毒液	【结论】通过观察产生的气体颜色与气味，我们得知，产生了氯气。 【讲述】其实在我们的生活中，相信大家都经常看到这样的新闻，84 消毒液与洁厕灵混合使用产生气体中毒。因此通过今天的学习，再一次提醒大家，不要将 84 消毒液与洁厕灵混合使用。 【PPT】漫画  	观看漫画，再一次强化“84 消毒液与洁厕灵不能混合使用”	通过探究形成结论，教会学生能够正确使用 84 消毒液
归纳总结	【总结】今天这节课，围绕着 84 消毒液首先我们从感官上初识了 84 消毒液的性质，紧接着我们通过解读 84 消毒液的产品标签归纳出 84 消毒液的成分、制备原理，接着我们又一起探究出 84 消毒液漂白性的实质是次氯酸的氧化性，最后我们一起分析了 84 消毒液用量增加和不能与“洁厕灵”混用的原因。 【作业布置】尽管 84 消毒液被广泛地使用，但也是有缺点的。课下请同学们进入药店或者上网查阅，找出目前 84 消毒液的替代品有哪些，它们的成分、性能如何，写成调研报告	思维跟着老师的讲述，一起回顾课堂所学的内容	回顾所学知识，使学生脑海里形成整体框架。 探究性学习延伸到课外，激发学生的探究热情

教学案例2：酸和碱的反应

一、教学内容及分析

教学内容选自沪教版《九年级化学》下册第七章第三节《酸和碱的反应》第一课时。

1. 知识系统化的体现

本部分内容是在学习了酸和碱的通性、溶液的酸碱性与酸碱度、酸碱指示剂等知识的基础上，对中和反应这一概念的学习。中和反应这一概念是初中化学的重要内容，其知识虽简单，但宏观现象不明显，微观本质不容易理解。学生只是单纯地通过书本上的文字来了解和记忆知识，学习效果并不佳。通过创设真实的问题情景，并结合先进的教育技术手段，不仅有利于学生理解和记忆所学知识，更能够让学生懂得其中的科学本质。

2. 多层价值观的兼顾

中和反应的相关概念学生在学习酸和碱的通性时就已经有了一些知识储备，在随后的中和反应概念及实质介绍中，学生也有了感性的认识。但由于酸碱中和反应大多数没有明显的宏观现象，且微观过程较为抽象，而中和反应在人类的工业、农业、医疗领域都有广泛的应用。因此在对中和反应概念的建构过程中，不仅要体现学科价值，也要兼顾社会生活价值。

同时本节课已经有意识地去创设一定的真实情境，引导学生进行探究，但这仅仅是一种较低层次的“欲放又收”的探究。对于这些教材中已经出现的并且有明显探究倾向的内容，教师要善于深层次地进行挖掘，敢于放手，把“权力”下放给学生，而自己由“台前”转到“幕后”，对整个探究过程实行必要的调控，以求最大限度地调动学生的思维积极性，培养学生的实验设计能力。因此，学生既能真正理解和掌握所学知识，又可真正实现由认知向能力的转化和升华，获得的知识才会更持久，亦更能灵活运用。

3. 历年中考热点

中和反应这一概念是历年高考的热点，在每年全国各地的中考试卷均有相关试题出现，且所占比例逐年提高，大约分值占到6～9分。纵观这些试题可以发现，它们主要包括两方面的考查：其一是基本考点，主要是酸碱中和反应化学方程式的书写、酸碱中和反应的实质、酸碱中和反应实验探究等；其二是创新考点，主要是通过创设真实情景，探究中和反应是否发生、验证中和反应完全反应，以及中和反应在改良土壤、处理工厂废水及医药和生活中的应用。

二、设计思路

（一）新课标要求

新课标要求如表 8-3 所示。

表 8-3　新课标要求

内容标准	活动探究与建议
1. 认识常见酸碱的主要性质和用途，认识中和反应。 2. 了解用酸碱指示剂（酚酞、石蕊）和 pH 试纸检验溶液酸碱性的方法。 3. 知道酸碱性对健康和农作物生长的影响	1. 试验某些植物花朵汁液在酸性和碱性溶液中的颜色变化。 2. 使用 pH 试纸检验唾液、食醋、果汁、肥皂水、雨水和土壤溶液等的酸碱性。 3. 实验探究酸碱的主要性质

（二）学生基础分析

1. 知识水平

本节课是在学习了常见的酸和碱及其性质后，再来学习酸和碱的反应，即中和反应。而在学习这部分内容之前，学生已经学习了酸碱指示剂、酸碱度、酸和碱的通性，这对学习中和反应起到了铺垫作用。

2. 认知及能力水平

学生已经接触了半年的化学，九年级的学生是具备观察、归纳、类比、收集信息、筛选信息、总结信息的能力，并具备一定的抽象思维和系统思维水平，对初中化学已有一定的认识和适应，可以进行自主探究实验。学生认知心理特点及认知发展水平，初中学生具有很强的好奇心，尤其对化学实验充满期待和向往，因此创设教学环境，激发学习兴趣显得尤为重要。学生已经具有一定的实验技能，通过前面的学习能够通过某一实验现象分析其实验原理，但是，要分析实验现象背后的实验原理，要涉及宏观现象、微观过程、化学方程式等多维度信息，学生需要提取多方位信息进行分析，对学生分析实验现象的能力提出了较高要求（图 8-4）。

（三）教学内容

本节在任务驱动教学模式与“四重表征”教学策略的指导下，学习中和反应这一概念。首先，通过设置教学情境“胃舒平为什么可以治疗胃酸”，学生初步认识酸和碱能够发生反应。接着，将氢氧化钠溶液与稀盐酸溶液混合，发现并没有明显现象，进而引导学生验证酸和碱是否发生反应。在通过手持技术验证中和反应能否发生，学生观看中和反应的微观过程，从而从微观的角度认识酸和碱的反应，并最终得出酸和碱反应的定义与实质。通过四个环节结合“宏观-微观-符号-曲线”四重表征之间的转换，实现了“中和反应”概念的建构。

（四）学习目标

1. 知识与技能

（1）理解中和反应的定义与实质。

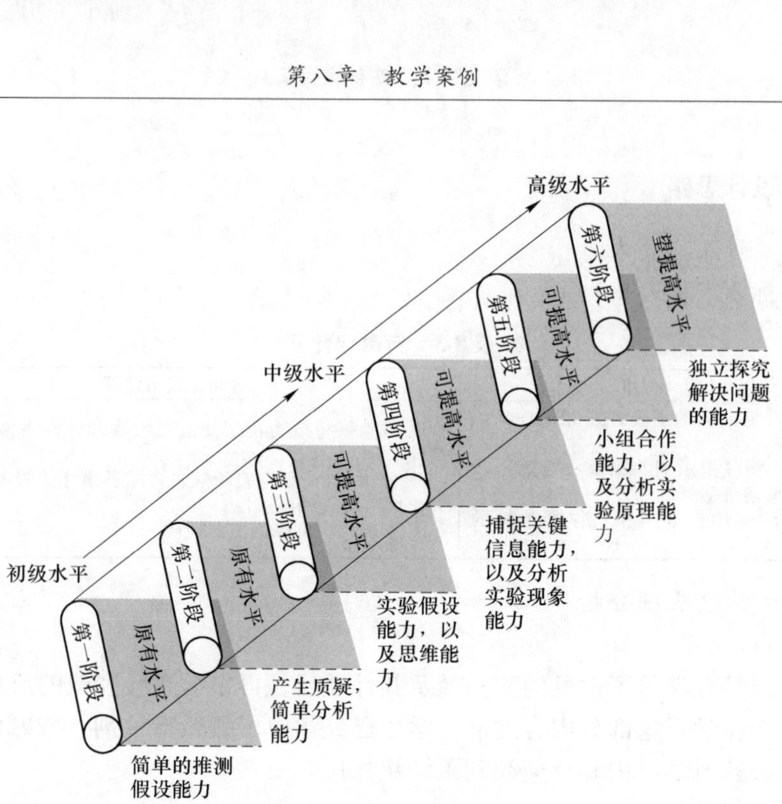

图 8-4 认知及能力水平分析

（2）了解中和反应在生活中的应用。

2. 过程与价值观

（1）通过对盐酸和氢氧化钠能否发生化学反应的实验探究，掌握实验的操作。

（2）通过图像分析，培养数据处理能力。

3. 情感态度与价值观

（1）学习对获取的事实进行分析得出结论的科学方法，培养学生科学探究精神和合作学习的意识。

（2）通过中和反应的实际应用加深对中和反应理解的同时，体会化学与人类生产、生活、人体健康的密切联系，从而增强环保意识。

（五）学习重点、难点

1. 学习重点

中和反应的定义与实质；

中和反应的应用。

2. 学习难点

中和反应的定义与实质。

（六）设计重点

1. 任务驱动模式与“四重表征”概念教学策略结合

本节课主要采用任务驱动模式，学生跟随老师的讲解思路在不同的任务中对中和反应概念进行了更深入的学习。学生在整堂课中进行的任务有以下四项：任务一，初识酸和碱的反应；任务二，验证酸和碱是否发生反应；任务三，定义酸和碱的反应；任务四：应用中和反应。采用概念四重表征教学，通过任务设置，完成了中和反应“宏观-微观-符号-曲线”四重表征之间的转换，实现了“中和反应”概念的建构，有利于学生对化学概念的整体理解与把握，突破学习化学的困难，提高问题解决能力；使学生自觉学习，主动参与讨论，达到较佳的教学效果。

2. 利用手持技术探究中和反应

对于大多数的中和反应而言，当我们直接将酸和碱混合后，溶液无明显现象。根据学生已有的经验，对于中和反应，反应前后溶液的酸碱性会改变，溶液温度会改变。因此我们可以利用测量反应前后溶液的 pH 值和温度来验证溶液发生了反应。手持技术能够能够迅速准确地将溶液的 pH 值、温度检测出来，并且以多种显示方式（如数字方式、表格方式、图形方式）呈现出来，用数字和图表说明问题，既简洁又直观，同时说明了结论的真实性，不仅突破了时空局限，更“直播”了“变化”的过程。

（七）设计思路流程图

设计思路流程图如图 8-5 所示。

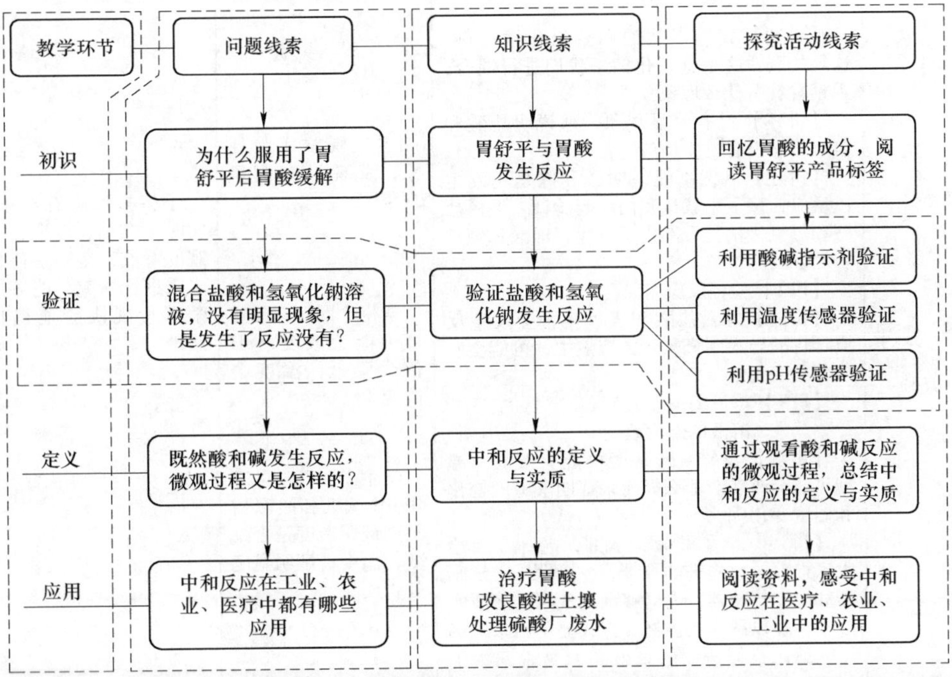

图 8-5　设计思路流程图

三、教学过程

教学过程如表 8-4 所示。

表 8-4 教学过程

教学环节	教师活动	学生活动	设计意图
初识酸和碱的反应	【引入】上周老师胃酸，去医院开了药专治胃酸，服用了以后，老师的胃酸很快得到了缓解。让我们来看看这是什么药？ 【PPT】 【商品名】胃舒平 【通用名】复方氢氧化铝 【主要成分】氢氧化铝、三硅酸镁等 【使用方法】每次 2 ~4 片，每日 3 次 【讲述】它的商品名是胃舒平，通用名是氢氧化铝。这里还有它的主要成分以及使用方法等。那么为什么胃舒平能够治疗胃酸呢？ 【讲述】有同学说胃酸和胃舒平发生了反应？胃酸的成分是酸，胃舒平的成分是碱，酸和碱发生反应吗？这就是今天要学到的内容——酸和碱的反应	学生回答：胃酸的成分是盐酸，胃舒平的成分是碱，可能发生了反应	通过生活细节常识的事例，激起学生的兴趣。并跟随老师的思路进行猜想，主动地探索
验证酸和碱发生反应	【讲述】我们以盐酸和氢氧化钠为例，这是盐酸，这是氢氧化钠，我们进行混合，观察看看有什么现象？ 【讲述】没有明显现象，那说明盐酸和氢氧化钠没有发生反应吗？ 【讲述】既然不能说明酸和碱是否发生了反应，接下来就让我们一起验证一下稀盐酸和氢氧化钠是否发生了反应，即酸和碱是否发生反应？ 【PPT】验证反应 【讲述】加入盐酸和氢氧化钠会发生反应，将酸导入到氢氧化钠溶液中，可能会发生什么变化？ 【PPT】溶液的酸度改变 溶液的温度改变 【讲解】没错，酸碱度可能会改变，温度可能会改变。那么如何来证明酸碱度变化和温度变化呢？ 【讲述】除了酸碱指示剂，老师今天给大家推荐一个先进的仪器，它叫做 pH 传感器和温度传感器，它能够准确地测定溶液的酸度，并以图像或表格等方式显示出来。接下来就让我们一起验证酸和碱是否发生了反应。	学生观察实验现象，发现没有明显现象。 学生 1 回答：酸碱度可能会改变，pH 值会降低，温度会改变。 学生 2 回答：可以用 pH 试纸和酸碱指示剂证明酸度是否改变，温度计证明温度是否变化。	手持技术具有便携、实时、准确、综合、直观的特点，运用手持技术来进行探究，能够使学生直观快捷地得出结论。

续表 8-4

<table>
<tr><th>教学环节</th><th>教 师 活 动</th><th>学生活动</th><th>设计意图</th></tr>
<tr>
<td>验证酸和碱发生反应</td>
<td>【实验演示】
1. 在一个 50mL 的小烧杯中加入 30mL 的氢氧化钠溶液，再滴加 2～3 滴酚酞；
2. 在烧杯中插入 pH 传感器和温度传感器测量溶液 pH 值；
3. 向氢氧化钠溶液中不断滴加稀盐酸至溶液呈无色。
【实验结果】
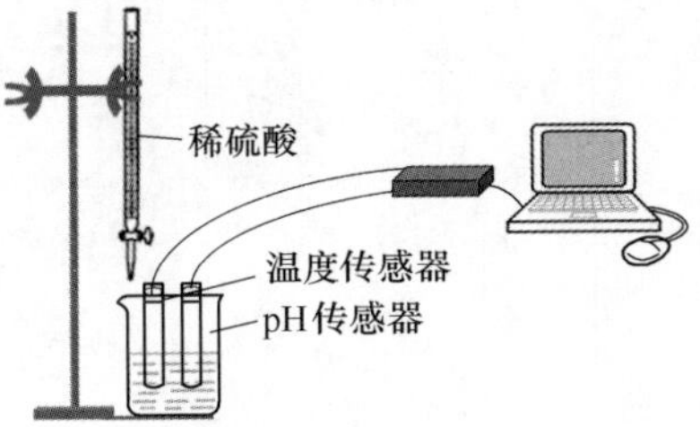

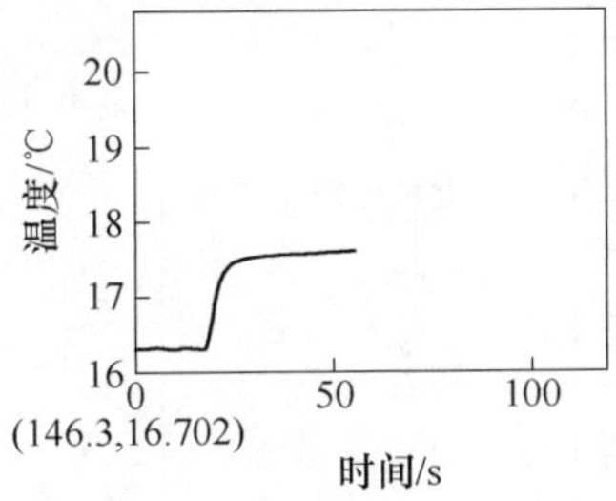

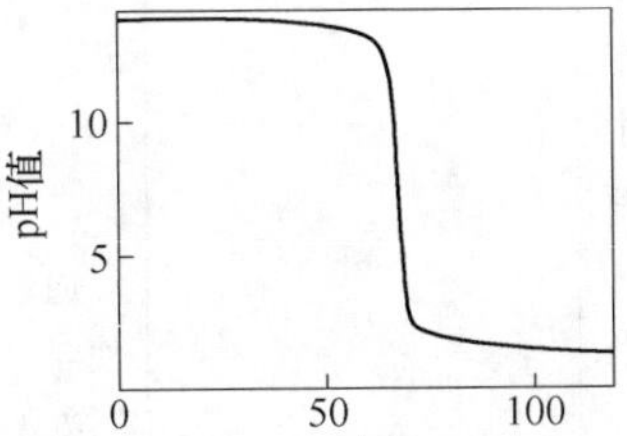

【总结】不断向溶液中滴加稀盐酸，发现实验过程中，溶液的红色退去、pH 值不断减小、混合后溶液的温度升高。由此可得出结论：盐酸和氢氧化钠确实发生了中和反应，且中和反应是放热反应。
【PPT】结论：酸和碱发生反应，反应过程放出热量</td>
<td>仔细察看老师实验步骤。记录手持技术使用方法。

仔细观察大屏幕上数据采集器采集到的 pH 值、温度的变化趋势。

得出结论：中和反应确实发生，中和反应是放热反应</td>
<td>通过手持技术生成的 pH 值、温度曲线，实现“宏观表征”向“曲线表征”的转换。使学生在头脑中形成“曲线表征”的形象，学会分析曲线解释实验。

手持技术的引入，在解决教学难点的同时，进一步激发学生实验探究的兴趣，结合 POE 教学策略可以有效地实现和提高演示实验的教学效果</td>
</tr>
</table>

续表 8-4

教学环节	教 师 活 动	学生活动	设计意图
定义酸和碱的反应	【过渡】既然我们验证了酸和碱是能够发生反应的，宏观上虽然没有明显的现象，但是微观角度上，它又是怎样进行的呢？下面让我们来看一下酸和碱反应的微观过程动画。 【动画】 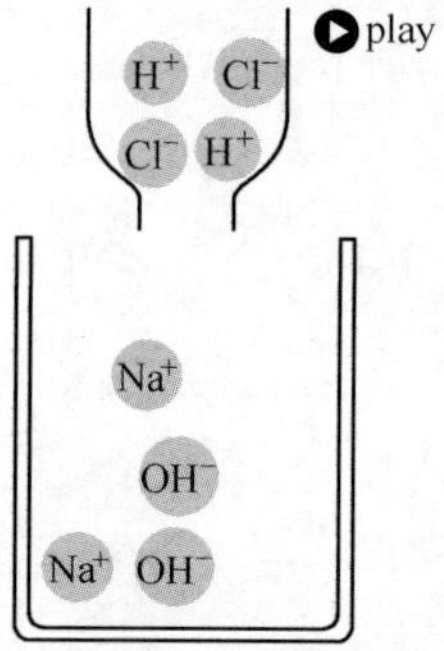 【讲述】盐酸在水溶液中电离为氢离子和氯离子，而氢氧化钠电离为氢氧根离子和钠离子。当我们将盐酸溶液加入到氢氧化钠溶液中时，酸中的氢离子和氢氧化钠的氢氧根离子结合生成了水，从微观角度看到，产生了新的物质水。 【讲述】由此再次说明了酸和碱发生了反应。对于酸和碱发生的反应，我们称作中和反应，因此中和反应的定义就是：酸和碱反应生成水的一类反应。 【PPT】中和反应定义：酸和碱反应生成水的一类反应。 【讲述】酸和碱能够发生反应，实质上是酸中的氢离子与碱中的氢氧根离子结合生成了水。由此我们得出结论：酸和碱反应的实质是酸中的氢离子与碱中的氢氧根离子结合生成了水。 【PPT】实质：$H^+ + OH^- = H_2O$	仔细观看微观示意图，并聆听教师讲解。 聆听，记录	培养学生由现象到本质的科学思维。 通过“微观粒子图”，使学生在头脑中形成“微观表征”的表象，学会从微观的角度解释宏观实验现象

续表 8-4

教学环节	教 师 活 动	学生活动	设计意图
应用中和反应	【过渡】通过实验验证，并结合微观过程，我们学习了中和反应的定义及实质。实际上，生活中中和反应被广泛应用于医疗、工业、农业中。 【讲述】在医疗上，课前老师说了胃舒平能够治疗胃酸，原因是胃酸是盐酸，胃舒平的主要成分是氢氧化铝，两者发生中和反应，能够缓解胃酸。 【PPT】应用中和反应 医疗：氢氧化铝治疗胃酸 $Al(OH)_3 + 3HCl = AlCl_3 + 3H_2O$ 【讲述】而在工业上，常常利用中和反应处理硫酸厂的废水。硫酸厂的废水显酸性，可向其中投入熟石灰强氧化钙，发生中和反应。 【PPT】 工业：熟石灰处理硫酸厂废水： $Ca(OH)_2 + H_2SO_4 = CaSO_4 + 2H_2O$ 【讲述】另外，中和反应也应用在农业上，用来缓解酸性土壤。酸性土壤中有大量有机酸，投入熟石灰，发生中和反应，有效缓解土壤酸性。 【PPT】 农业：熟石灰改良酸性土壤，有机酸与熟石灰发生中和反应 【归纳】今天这节课，我们通过实验验证了酸和碱是发生反应的，而这种反应称作中和反应；接着我们通过观看微观过程动画，得到了中和反应的定义与实质。 【布置作业】除了上述的案例，请同学们通过上网等查阅方式，找出生活中其他酸碱中和的事例，下节课一起交流讨论	学生记录、聆听	通过运用所学知识来解决现有问题，培养学生学以致用的精神。 回顾所学知识，使学生脑海里形成整体框架。 探究性学习延伸到课外，激发学生的探究热情

参 考 文 献

[1] 课程标准实验教材总编委会．实验化学(选修)[M]．山东：科学技术出版社，2003.
[2] 钱扬义，叶静怡，邓峰，等．手持技术在化学学习中的应用与建模研究[M]．北京：科学出版社，2009.
[3] 王磊．中学化学实验及教学研究[M]．北京：北京师范大学出版社，2009.
[4] 张四方，任跃红．中学化学实验研究[M]．北京：中国石化出版社，2011.
[5] 刘诗海．数字化教学实验系统：实验指导[M]．北京：地质出版社，2006.
[6] 王磊，魏锐，范林．传感器技术：化学实验探究手册[M]．北京：北京师范大学出版社，2007.
[7] 白涛，等．化学：为什么是这样——基于手持技术的数字化实验探索[M]．北京：化学工业出版社，2011.
[8] 孙叶．地方文化背景下化学校本课程开放性教学模式的探究[D]．苏州：苏州大学，2010.
[9] 孙卫中．中学化学复杂性实验的手持技术应用与教学研究[D]．上海：华东师范大学，2009.
[10] 任腾菲．融合传统实验与数字实验优化中学化学实验教学[D]．合肥：合肥师范学院，2014.
[11] 赵倩．基于手持技术的中学化学习题科学性研究[D]．南京：南京师范大学，2012.
[12] 李淑妍．基于传感器技术的中学化学实验开发及教学应用研究[D]．上海：华东师范大学，2006.
[13] 丁婷．基于手持技术的电化学实验研究与教学设计[D]．天津：天津师范大学，2014.
[14] 马新乐．基于水质检测的化学研究性学习教学设计[D]．天津：天津师范大学，2014.
[15] 杨飞．数字化实验的表征与教学研究[D]．南京：南京师范大学，2011.
[16] 徐庆君．中学化学探究性实验中手持技术的应用[D]．烟台：鲁东大学，2014.
[17] 债艳．中外中学化学原理性实验的系统性研究[D]．南京：南京师范大学，2011.
[18] 庄山．基于手持技术的学生化学实验认知能力培养研究[D]．南京：南京师范大学，2011.
[19] 马志颖．民族中小学校本课程资源开发中的文化选择研究[D]．西安：陕西师范大学，2014.
[20] 潘祥泰．基于数字化实验的中和热测定实验再创新[J]．教学仪器与实验，2015(7)：15~16.
[21] 彭豪．基于信息技术的“四重表征”图形化教学设计——以《酸与碱之间会发生什么反应》为例[J]．中小学信息技术教育，2010(9)：58~60.
[22] 钱扬义，陈国泉．酒精灯火焰温度是外焰“最高”吗[J]．化学教育，2006(7)：52~54.
[23] 邓育红．手持技术在生活化实验中的应用[J]．教学仪器与实验，2013(12)：23~26.
[24] 叶静怡．手持技术在中和热测定中的应用研究[J]．实验教学与仪器，2008(9)：35~36.
[25] 朱鹏飞．碳酸钠和碳酸氢钠与盐酸反应热效应的研究——基于传感技术的中学化学实验设计[J]．教学仪器与实验，2013(12)：17~19.

[26] 穆玲．传感器技术在高中化学教学中的应用初探[J]．中国科技创新导刊，2010(15)：50.
[27] 熊姣．创新实验在中学化学教学中的作用[J]．湖北师范学院学报，2014(3)：112～118.
[28] 李友银．对二氧化碳通入饱和石灰水实验的再探究[J]．中学化学教学参考，2014(8)：50～52.
[29] 马宏佳，杜静，朱鹏飞．二氧化碳与石灰水反应的实验探究和理论分析[J]．中学化学教学参考，2010(3)：31～33.
[30] 叶春峰．高中化学实验中手持技术的应用[J]．教学与管理，2006(4)：129～130.
[31] 阳纪香．化学反应速率的定义及其在工程上的应用[J]．化学工程师，1997(6)：25～27.
[32] 周瑞萼，唐业仓．水果原电池实验[J]．化学教学，1995，11：47～48.
[33] 严西平，邓露露，钱蕙．“浊清之变”辨清浊——CO_2一定能使饱和澄清石灰水变浑浊再变澄清吗？[J]．中学化学教学参考，2012(12)：40～41.
[34] 魏锐，王磊，等．含铁物质中铁元素含量的测定——基于传感技术的实验设计[J]．化学教育，2006(7)：50～54.
[35] 任庆云，王松涛，王志平，等．物理化学实验“分解反应平衡常数的测定”的一种数据处理方法[J]．辽宁师范大学学报（自然科学版），2015(2)：191～196.
[36] 马松艳，赵东江．化学反应平衡常数及其相关问题的探讨[J]．绥化学院学报，2005(2)：152～154.
[37] 樊艳平．强弱电解质的比较与判断[J]．数理化学习（高中版），2014(8)：46～47.
[38] 刘斌．强弱电解质教学探究性实验八例[J]．中学化学教学参考，2005(4)：29～30.
[39] 罗天美．强、弱电解质的辨析[J]．四川文理学院学报，2007，S1：149～151.
[40] 何彩霞，张琦，王钦忠．促进学生认识角度转变的化学教学——以高中必修1“离子反应”教学为例[J]．教学仪器与实验，2014(1)：7～10.
[41] 杨頔，于善亮，靳红旗．从离子反应本质的角度深入认识离子反应发生的条件[J]．化学教学，2014(4)：35～37.
[42] 张凤桂，杨帆．基于微粒作用观的“离子反应”教学研究[J]．化学教育，2012(4)：36～38.
[43] 李焱．二氧化锰催化分解过氧化氢的探究性实验设计[J]．化学教与学，2013(9)：88～90.
[44] 莫淑欢．过氧化氢分解动力学研究[D]．南宁：广西大学，2008.
[45] 陈承声，区永麟．利用手持技术探究过氧化氢的分解[J]．广东教育学院学报，2007(3)：59～63.
[46] 董俊华，宋光铃，林海潮，等．硫酸中硫脲影响铁腐蚀行为的机制[J]．中国腐蚀与防护学报，1996(1)：53～58.
[47] 师素粉．铸铁材料在水环境（海水、淡水、盐水）中的腐蚀研究[D]．太原：太原科技大学，2008.
[48] 朱鹏飞，马宏佳，杨飞．有关钢铁吸氧腐蚀酸性条件的研究[J]．教学仪器与实验，2013(7)：30～32.
[49] 宋心琦，等．普通高中课程标准实验教科书 化学反应原理[M]．北京：人民教育出版

社，2007.

[50] 赵慧萍，赵文娟，张晓芳．金属电化学腐蚀与防腐浅析[J]. 化学工程与装备，2013(10)：135～136.

[51] 杨超杰．原电池演示实验改进研究[J]. 中小学实验与装备，2012(4)：30.

[52] 张艳．铜锌原电池演示实验装置改进[J]. 化学教育，2013(8)：63.